本书是河北省自然科学基金资助项目"京津冀城市群应急物资储备库网络协同发展研究"（编号：D2019106020）的阶段性研究成果。

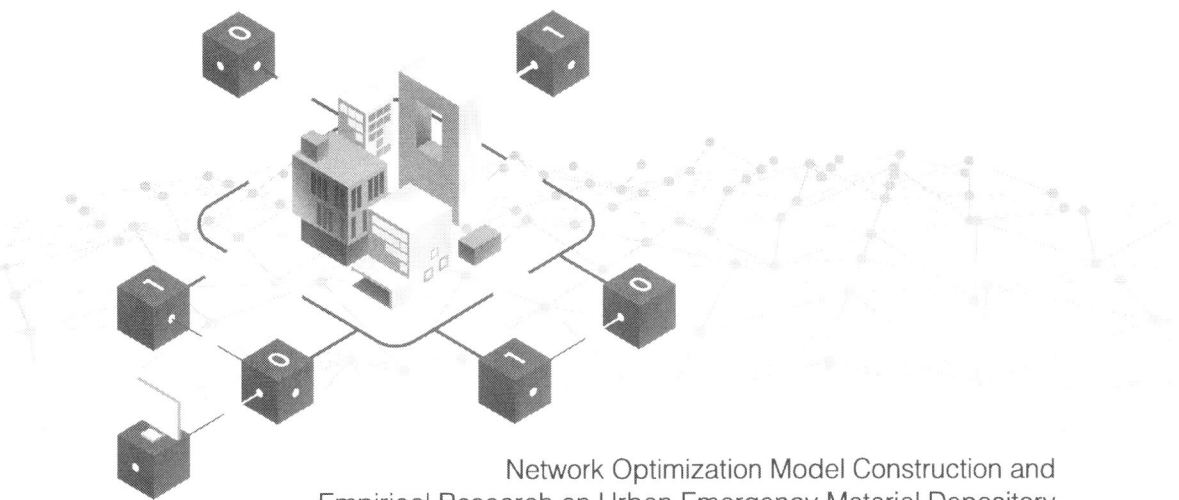

Network Optimization Model Construction and
Empirical Research on Urban Emergency Material Depository

城市应急物资储备库
网络优化模型构建与
实证研究

陆相林 王智新 马飒 著

人民出版社

目　　录

前　　言

　　本书是河北省自然科学基金资助项目"京津冀城市群应急物资储备库网络协同发展研究"（编号：D2019106020）的阶段性研究成果。

　　城市化是世界各国普遍的发展趋势。随着我国城镇化进程的加快，城市人口的高度膨胀，自然灾害、事故灾难、社会安全等突发事件的频度以及破坏程度也有增加趋势，城市公共安全问题日益凸显。加强城市突发事件的应急管理，建立符合我国国情的城市应急管理模式，是一项具有重大挑战性和学术性的研究性课题。城市突发事件的应急管理需要构建救助及时、调度畅通、应变灵活、布局优化的城市应急物资储备库网络。应急物资在突发事件应对中极其重要，应急物资储备保障能力是决定突发事件应对成功的关键因素。我国政府高度重视应急物资储备保障工作，1998 年至今，我国逐渐形成了中央、省、市、县、乡镇的五级政府应急物资储备体系。然而，2020 年新冠肺炎疫情的应对工作表明，应急物资储备不足仍是影响应急救援工作的核心要素。

　　选址问题，特别是设施选址问题是管理科学研究的重点领域之一，大量涌现的选址问题给管理学者带来巨大挑战的同时，也激发其研究的极大热情。已有选址成果中，侧重于"理论模型构建+算例"居多，模型实证中联系国家、地区实际情景偏少，对选址中等级覆盖问题缺少应

1

有的关注,从定量角度探讨城市应急物资储备库网络配置合理性的文献很少。因此,把选址理论应用于中国城市的应急物资储备库网络优化研究,为我国应急管理提供科学支撑极有必要。

笔者在对前人选址理论成果进行借鉴分析的基础上,主要从以下六个方面尝试解决城市应急物资储备库网络优化问题。

一是城市已有应急物资储备库网络优化模型与实证研究。立足于解决城市应急公共服务体系中应急物资储备库与应急物资需求点最优空间联系问题,基于设施选址理论,以创造应急物资需求点民众总体满意程度最大为目标,构建了考虑交通方式、需求点风险程度的城市已有应急物资储备库网络优化模型。把所建模型应用于石家庄市,得出其最优服务区、县(市)与服务半径,并提出相关建议。

二是考虑拥挤情景的城市已有应急物资储备库网络优化模型与实证研究。针对我国城市已有应急物资储备库网络优化定量分析成果较少的现实,提出考虑拥挤情景的城市已有应急物资储备库网络优化问题,以河北省石家庄市已有应急物资储备库网络优化为例进行了实证。

三是考虑增建情景的城市应急物资储备库网络优化模型与实证研究。针对我国城市应急物资储备库网络优化中,增建新的储备库的现实,提出了考虑增建情景的城市应急物资储备库网络优化问题。

四是考虑等级特征的城市应急物资储备库网络优化模型与实证研究。对等级设施选址理论中的最大覆盖模型加以改进,构建了城市应急物资储备库等级选址模型,并以北京市房山区为例进行实证。

五是构建了均等化视角下的城市应急物资储备库网络优化模型并进行实证。在梳理国内外公平选址研究主要脉络的基础上,提出公平设施选址目标与我国提出的公共服务均等化目标具有等同性,引入公平设施选址方法解决公共服务均等化视角下的应急物资储备库网络优化问题。

六是基于共生理论对城市群应急物资储备库网络优化进行实证。基于城市和区域视角,从应急物资管理能力、组织协调能力、信息管理能力3个方面构建了城市应急物资储备保障能力评价指标体系,共包括11个二级指标,33个三级指标。以京津冀城市群为例展开实证,并提出基于共生理论的城市群应急联动优化路径。

本书分为八章,分工如下:陆相林完成了全书的框架设计和统稿工作,并完成了第一章、第二章、第三章、第四章、第五章、第八章,以及第六章第一、二节,第七章第三节的撰写;王智新(河北大学经济学院)完成了第七章第一、二、四节的写作;马飒完成了第六章第三、四节的写作。

本书写作中努力做到设施选址理论联系城市应急物资储备库网络实际,在理论上有一定创新的基础上,尝试解决应急物资储备库网络优化的实际问题。通过相应模型的构建、算法设计,合理构建、优化城市应急物资储备库网络,有效配置、调度城市应急物资,从而实现对城市公共安全管理与应急决策的有力支持,并将进一步丰富选址理论成果。本书写作过程中,也引用了大量的珍贵文献或学术观点,相关内容已经在参考文献中列出,在此向各位专家同行表示衷心的感谢。由于成书略有仓促,书中不足和疏漏之处在所难免,恳请各位专家、同行、读者批评指正。

绪　　论

一、研究背景及意义

（一）研究背景

1. 加强突发事件的应急管理是考验城市政府执政能力的重要
体现

城市化是世界各国发展的共同趋势。联合国的统计显示：自 1950
年以来，世界城市人口快速增长，至 2025 年城市居民人口将占世界人
口的 2/3，高度城市化是发达地区的典型特征（冯凯等，2009）。诺贝尔
经济学奖获得者迈克尔·斯宾塞（Michael Spence）指出，城市化能否有
序开展，将考验任何一个发展中国家的政府执政能力（仇保兴，2009）。

随着我国现代化建设进程的深入，我国的城市化进入新时期、关键
期，新情况、新问题层出不穷。城市中各类突发事件的频发与自然灾
害、人类自身行为、公共安全基础薄弱都密切相关。面对频繁发生的事
故灾难、公共卫生事件和社会安全事件等突发事件，加强突发事件应急
管理研究成为我国城市发展必须面对的一个重大课题。依据众多学者
的共识，21 世纪的中国发展将必须面对：庞大人口数量、能源和自然资
源超常规利用、整体生态环境质量保持和提高、全面实现城镇化、缩小

地区差距和实现社会公平、不断提升国家可持续发展能力六个方面基本压力的挑战(王昂生等,2007)。上述六项压力,都应以提高中国的突发事件的应急管理能力为基本前提,因为只有如此才能保护发展的成果。

然而,随着城市经济的快速发展,城市人口高度密集,城市自然灾害、事故灾难、公共卫生、社会安全事件等突发事件的发展频度和破坏程度也有增加趋势,城市公共安全问题日益凸显。各种自然灾害与突发事件的发生,在带来城市经济、民众财产重大损失的同时,也给人民生命、身心健康造成巨大伤害。较典型的如 1995 年日本阪神大地震、1998 年我国长江沿线城市的特大洪涝灾害、2001 年美国"9·11"恐怖袭击事件、2003 年广州和北京的 SARS 疫情,2005 年"2·5"北京密云灯展群众挤踏伤亡事件,2009 年几乎波及全球的甲型 H1N1 流感,2010年的海地大地震、中国青海玉树地震和甘肃舟曲特大泥石流事件,2011年日本地震和核泄漏事故、2012 年北京"7·21"暴雨、2013 年青岛黄岛爆炸事件、2014 年兰州水污染等,2015 年天津港"8·12"特大火灾爆炸事故和深圳滑坡事故,以及 2016 年夏天的湖北武汉、河南安阳、河北邯郸等城市的特大暴雨灾害,都对城市运行安全造成了极大的威胁。

非常规突发事件是发生概率低,可预测性差,处置起来比较复杂,需要以非常规应急手段、调动区域内外资源处置、复杂性极强的巨灾或极端事件。相比较而言,非常规突发事件不仅是现代城市应急管理的难点,也是其重点,因为非常规突发事件更可能成为社会公众和舆论关注的焦点,更考验城市政府在紧急状态下的执政能力。从某种意义上讲,现代社会就是风险社会。既然我们不可能杜绝所有风险,就必须提高自身应对风险的能力(徐隽,2016)。自然灾害、事故灾难、公共卫生事件和社会安全事件等突发性公共事件的出现,是城市必须面对的现实问题。对突发性公共事件进行管理,防止可能发生的危机,应对已经发生的危机,以保护公民的人身权利和财产权利,是政府义不容辞的责任。公共安全问题集中反映了社会综合发展水平和政府行政责任能力。

2. 中国城市应急管理需要提升其公共安全投入的有效性和合理性

我国城镇化水平已由 1978 年的 17.92% 上升到 2015 年年底的 56.1%,城市总数由 193 座增加至 656 座。党的十六大报告第一次明确提出,"走中国特色的城镇化道路","要逐步提高城镇化水平,坚持大中小城市和小城镇协调发展……发展小城镇要以现有的县城和有条件的建制镇为基础,科学规划合理布局"[①],努力形成资源节约、环境友好、经济高效、社会和谐的城镇发展新格局。

城市作为人口和经济集聚区,是一个自然—经济—社会的复杂系统(SEN 系统),应对灾害以及灾后恢复的能力成为其可持续发展的必要条件之一。20 世纪 90 年代以来,我国每年因灾害造成的直接经济损失高达 1000 亿—3000 亿元,这些损失主要集中在城市,城市成为现代自然灾害中巨大而脆弱的承载体(唐波、刘希林,2016)。灾害对城市系统的冲击和影响呈现出一种动态、复杂和不确定的特点(邹乐乐,2010)。随着新型城镇化的提出,学者开始更加重视城市内部空间的和谐与统一(Xuemei Bai、Peijun Shi 和 Yansui Liu,2014)。城市公共安全是城市政府社会管理和公共服务的重要内容,是减少城市灾害和事

---

① 中共中央文献研究室编:《十六大以来重要文献选编》,中央文献出版社 2005 年版,第 18 页。

故发生,保护城市居民生命财产的基础保障。是政府社会管理和公共服务的重要内容。我国70%以上的城镇、半数以上的人口、75%以上的工农业产值,分布在气象、海洋、洪水、地震等灾害严重的地区(徐志胜、冯凯、冯春莹,2004)。

城市公共安全存在问题不仅容易造成严重的人员伤亡和重大的财产损失,还往往产生有害的"长期效应",包括心理、生理危害因素和相当范围的环境污染,甚至产生难以用数字估量的社会影响。当前城市应急管理表现出来的主要问题有(赵巍博,2015):

(1)各项配套基础设施薄弱,公共安全应急管理起步较晚。灾害管理机制不清晰,缺乏科学指导。

(2)与应急管理有关的安监局、国土局、公安局、交通局、环保局、防洪办、水利局等机构存在条块分割,缺少一个统一组织管理与协调的机构。

(3)重建设发展,轻公共安全的现象十分突出。漠视应急管理工作与发展生产的辩证关系。

(4)应急管理存在重救轻防、事后设防的旧观念,应急决策过于主观化,缺乏可靠的技术支持。

(5)应急公共服务设施建设滞后,缺乏综合的统筹安排。

以应急管理水平较高的北京为例,应急物资储备库、避难场所、消防设施等建设存在严重的扎堆现象,多数集中在海淀区、朝阳区、宣武区,以及各区、县政府所在地,乡镇及其下辖村庄居民点分布极少。当前分部门、分灾种的单一灾害管理模式,在面对群灾齐发的复杂局面时,缺少统一的协调机制,不易形成应对突发性事件的统一力量,较难及时有效配置分散于各个部门的救灾资源,易造成应急公共服务设施的重复建设,严重影响了公共安全投入的有效性和合理性。

3. 城市突发事件的应急管理需要应急物资储备库网络优化问题的研究

城市公共安全规划防止灾害的发生,注重预先性和主动性;应急管理则从过程上减轻灾害发生的后果,注重事后性和被动性。城市公共安全规划和应急管理的关联之处,在于城市应急公共服务设施的优化选址,以及应急物资的有效调度。在城市公共安全规划与应急管理中,有效配置和合理布局城市应急物资储备库,是一项至关重要的战略决策。本书的出发点即基于如下考虑:公共安全事件是不可避免和难以预防的,作为一个动态系统的运行过程,城市公共安全应急管理与决策需要强有力的应急物资储备库网络的支持。

(二)研究意义

1. 理论意义

应对各类灾害和突发事件时,应急物资储备库选址及网络优化是关键一环,与应急资源的优化配置、高效调度乃至应急方案的实施成败密切相关。应急物资储备库选址及网络优化,主要是研究在约束条件下应急资源的合理分配、高效调度,从而达到应急救援行动的及时有效,灾害和突发事件区域人员伤亡和财产损失的尽可能减少。应急物资储备库选址及网络优化的约束条件包括可调度的应急资源总量、应急资源调度的时间距离和空间距离、调度成本以及调度的可能性等多种因素,常常涉及多个目标优化(李栋学、刘茂,2009)。由于理论方法和技术等方面的限制,应急物资储备库选址及网络优化问题多以单目标为主和算例表述为主,无法满足灾害和突发事件现实的需要,相关研究必须引入新的理论、研究方法,并紧密结合灾害和突发事件现实,综合考虑多个目标,构建多目标优化问题并予以解决。

本书将基于设施选址理论加以开展。选址问题(location problem)起源于各类设施的勘察定点及建造等实际背景,是关于人类活动特别是经济活动空间组织、资源优化的学问。由于选址问题决策具有决策主体多样(从家庭、企业、政府乃至国际机构,组织与个人经常要面对选址决策问题);多数涉及战略层次上,涉及大量资源、资本,且影响长远;经常会产生经济上的外部性(如公共安全、经济发展等);存在模型经常难以求得最优解的问题等特点,因此,国内外众多运筹和管理科学学者对选址问题研究抱有极大热情。著名设施选址专家达斯肯(Daskin,1995)总结选址研究受到学者巨大关注的原因为:

第一,选址决策的主体具有多样性。从家庭到企业,政府乃至国际机构,各类各样的组织与个人都经常要面对选址决策问题。第二,选址决策多数涉及战略层次,涉及大量资源、资本,且其影响是长远的。第三,选址决策经常会产生经济上的外部性,如公共安全、污染、拥挤和经济发展等。第四,选址模型经常存在难以求得最优解的问题。即便是最基础的选址模型,也会面对数据量过大时,难以求得最优解的问题,可以说,正是由于选址模型求解的复杂性,才导致众多运筹和管理科学学者对选址问题研究抱有极大热情。第五,选址模型的结构形式(目标、约束和变量)常由具体的研究内容所确定,因此在具体应用中要因地制宜,才能发挥应有的功效,没有放之任何情况都普遍适用的选址模型。

本书将沿着前人选址理论研究的足迹,通过城市应急物资储备库网络优化模型的构建、算法的设计,为选址理论成果的丰富而奉献自己的一份努力,并希望成果对城市应急管理起到一定的指导作用。

2. 实践意义

事故往往会在人们意想不到的时间、地点以人们意想不到的方式发生，给人们的生命财产、生存环境和区域安全造成巨大的影响。而且由于经济发展的不平衡以及区域发展规划的不合理，现代社会人口和企业高度集中在某些区域，一旦发生灾害事故，极易引发连锁反应，产生一系列次生或衍生灾害，造成区域性伤害，影响社会稳定。因此，如何对区域应急实施更加有效的管理，尽可能地预防和减少重大事故的负面影响，已成为区域社会经济发展中普遍面临的重大挑战（陈国华、张新梅、金强，2008）。针对不同的区域特点，建立科学的区域应急管理体系，可以在重大事故发生时有效保证应急救援行动快速、高效地开展，有效提高区域应对风险的能力，是区域经济可持续发展和社会稳定和谐的重要保证。

城市应急管理体系是一个由法律法规、应急组织、应急资源、应急救援技术、应急预案、绩效评估和培训演练等组成的有机结合实体，其根本目标就是通过建立科学的应急救援系统提高城市应对重大事故灾难的能力（陈国华、张新梅、金强，2008）。针对城市公共安全和应急管理，探索如何尽快建立起完善的城市应急管理体系，编制科学合理的应急预案，开展有效的应急演练及绩效评估，提高城市应对重大突发事故灾难的能力，是坚持"以人为本"和"预防为主"科学安全发展观的必然要求，也是保证城市经济可持续发展和社会和谐稳定的重要建设内容。

有效的应急救援系统相比无应急系统，可将事故损失降低 6%。面对高突发性、高复杂性的重大事故，许多国家和地区纷纷通过建立完善的应急管理体系来提高应对突发事故灾难的能力。因此，建立城市应急管理体系是保障城市安全和社会稳定的必由之路。城市应急物资储备库网络作为城市应急管理体系中应急资源、应急救援中的重要组成部分,其网络优化涉及的问题主要有:城市应急物资储备库的具体数目和位置、服务能力、服务范围、服务使用率,应急物资的有效调度、优化分配,受灾民众救助服务的最大满意等。这些问题本质上是战略层面的决策问题,决定着城市整个应急公共服务管理体系的成效。通过城市应急物资储备库网络优化,完善其应急决策系统,以应对各种突发事件,使其应急工作由经验型向科学型转化,提升突发事件应急管理能力,并进一步丰富设施选址理论,是本书写作的实践方面的初衷所在。

二、国内外相关研究

(一)城市概念的界定

城市自出现以来,一直都是人类活动的中心,也是人类生存与发展的主要载体。作为一种重要的空间集聚现象,城市同广大周边区域保持着密切的联系,具有控制、调节和服务等多重功能(周一星,1995)。城市在国家工业化和现代化进程中占据重要地位,对国家政治、经济、科技、文教都具有巨大的推动作用。发展中国家 GDP 的 60%—80% 是由城市经济所创造的(王绍玉、冯百侠,2005)。在《牛津索引字典》中,城市是一个拥有教堂,经过皇家授权的大城镇。在《不列颠百科全书》中,城市是一个较永久性和组织完好的人口集中地,比一个城镇或村庄规模大,地位更重要。经济学家 K.J.巴顿认为,城市是一个坐落在有空间地区的各种经济市场——住房、土地、运输等相互交织在一起的网状系统。金磊(1997)认为,现代化城市是一个以人为主体,以空间利用为特点,以聚集经济效益为目的的一个集约人类、集约经济、集约科学文化的空间地域系统。赵安顺(2005)归纳了城市的基本特征:城市是在一定区域内为满足特定功能或系统功能需要,建立在以非农经济发展基础上的,以细致的社会分工与生产交换为特征的,使物质和人力资源、生产资金等生产要素的生产效率显著提高的,形成人口高度聚集,以及具有与社会经济发展相适应的基础设施的生产经营与生活消费的场所,是在公共事务管理中具有高度组织性和效率性的人类聚居地。《城市规划基本术语标准》:城市是以非农业产业和非农业人口集聚为主要特征的居民点,包括按国家行政建制设立的市、镇。

(二)应急管理概念界定

何为应急管理,国内学者最初有不同的看法,有多种定义,但现在逐渐达成共识。唐承沛(2007)认为,"应急管理",顾名思义是应对突发事件的公共管理。周云、李伍平、浣石等(2007)认为,应急管理对应于英语中的"emergency management",又可译为紧急事务管理,是针对特大、重大灾害的危险处置提出来的。姚国章(2006)也认为,应急管理对应于英语中的"emergency management",并把应急管理界定为指政府应对突发公共事件的一系列举措,包括预防、准备、响应、恢复、重建、倡议和立法等,目的是减少人员伤亡,降低财产损失,控制破坏程度,以尽可能快的速度和小的代价终止紧急状态,恢复到正常状态,并对美国、加拿大、澳大利亚、日本和俄罗斯等典型国家的应急管理体系作了概括性分析,结合中国的实际,提出了促进中国应急管理体系建设和应急管理能力提升的策略与措施。邹逸江(2008)则认为,应急管理的客体主要是突发事件,包括自然灾害、事故灾难、公共卫生事件、社会安全事件。应急管理作为一门新兴学科,目前还没有一个被普遍接受的定义。一般的定义为:为了降低突发事件的危害,达到优化决策的目的,基于对突发事件的原因、过程及后果进行分析后,有效集成政府、社会等各方面的相关资源,对突发事件进行有效预警、控制和处理的过程。

(三)城市应急管理体系和应急物资储备库概念界定

城市应急管理体系是一个由法律法规、应急组织、应急资源、应急救援技术、应急预案、绩效评估和培训演练等组成的有机结合实体,其根本目标就是通过建立科学的应急救援系统提高城市应对重大事故灾难的能力(陈国华、张新梅、金强,2008)。应急物资是指应对灾害和突发事件发生时所需要的物资,存在多种分类方法。国家发展与改革委员会参照我国《应急保障重点物资分类目录》的分类标准,把应急保障物资分成防护、生命救助、生命支持、救援运载、临时住宿、污染清理、动力燃料、工程设备、工程材料、器材工具、照明设备、通信广播、交通工具13类。张旭凤(2007)将应急物资分为生命救助物资、工程保障物资、工程建设物资、灾后重建物资4类。秦军昌等(2009)从应急管理运作流程纵向集成的角度,将应急物资划分为响应期物资和恢复期物资两大类。有的学者采用 ABC 分类法和聚类方法进行综合评价分类(丁斌和王鹏,2010)。也有学者从应急需求特征视角分为三个大的类别,分别为:(1)生活物资,即灾害和突发事件发生后人民群众受其直接或间接影响所需的生活物资;(2)专业性物资,即灾害和突发事件预防、准备、响应、决策、处置和事后恢复过程中所需要的专业性物资;(3)特定物资,即针对少数特殊灾害和突发事件的特定物资(王琳,2020)。

当前,尽管应急物资储备库是学者关注的重要领域,但学者对何为应急物资储备库,其具体表现形式、存在类别并无系统明确的论述。本书把其界定为:应急物资储备库是应急物资的储备场所。依据应急需求特征,应急物资储备库可分为生活类应急物资储备库、专业性应急物资储备库、特定应急物资储备库;从最高行政隶属和调用上看,负责调用部门为应急管理部,管理和正常运作属于国家粮食和物资储备管理局。

(四)选址问题研究

"选址"的理论研究最早出现于德国,1882 年由 W.高茨(W.Goetz)首次用德语"standort"提出,1886 年被译为"location"。对于"location"一词,国内学者对其有两种译法,地理学者习惯于译成"区位"(张文忠,2000),而管理学者习惯于译成"选址"(蔡临宁,2003;马云峰,2005)。

选址问题起源于各类设施的勘察定点及建造等实际背景,是关于人类活动特别是经济活动空间组织、资源优化的学问。设施选址(facility location)是选址问题的一个重要研究领域,与其他选址问题的一个重要区别就是:研究方法多涉及数学建模与算法设计,强调定量,或者努力做到定量与定性分析的有机结合,主要依靠运筹学、拓扑学、经济学和管理学等学科中的定量分析方法(王非、徐渝、李毅学,2006)。瑞伟和艾斯雷特(Revelle 和 Eiselt,2005)认为,设施选址是研究一系列设施具体位置的选择,在一定约束条件下,满足特定需求(顾客)的同时,实现成本的最小化。选址问题需通过四个要素来体现其特征:(1)需求点(顾客),其位置常假定为已知;(2)设施点(服务点),其位置将由特定目标函数而确定;(3)需求点与设施点之间的联系空间(通道);(4)需求点与设施点之间联系的空间单位。

国外关于设施选址问题的基本理论研究框架已经确立,研究设施选址的文献已有很多,较经典的有文献(Daskin,1995;Revelle、Eiselt,2005;Revelle、Eiselt 和 Daskin,2008;Brandeau,1989;Eiselt、Sandblom,2004;Owen 等,1998;Sahin、Süral,2007),弗朗西斯、麦克金斯、怀特

（Francis、McGinnis、White，1983）等重点对 1983 年以前的有关选址问题的模型进行了验证总结，并提出了相应的算法。布兰德（Brandeau，1989）对单水平等级选址问题进行了分类综述。德雷兹纳和哈马克（Drezner 和 Hamacker，2002）出版了专著，对 2002 年以前的设施选址理论进行了较为详细及系统的总结。法拉哈尼和希克马特法尔（Farahani 和 Hekmatfar，2009）则对 2002—2009 年的设施选址理论进行了较为详细及系统的总结。下面就选址以及应急选址问题的国内外研究现状进行分析。

1. 研究历程

选址问题的理论研究可分为四个阶段。

第一阶段：选址问题的产业理论阶段（19 世纪 20 年代至 20 世纪初期）。杜能（Von Thünen J.H.，1826）的名著《孤立国》（*The Isolated State*）研究了农业产业带问题（又称为农业区位论），被认为是最早的选址理论研究。劳恩哈德（Launhardt，1882）和韦伯（Weber，1909）研究了厂商最优选址问题（又称为工业区位论）。此阶段中：选址多从产业角度考虑，如杜能考虑了农业布局优化问题，韦伯考虑了工业布局优化；建立的模型多从成本（如运费）最小化角度考虑；模型变量、模型类型都较少，成果数量也较少；韦伯常被作为设施选址问题的最早研究者（Brandeau，1989；Owen，1998；Hale，2003）。

第二阶段：设施选址理论研究的发展阶段（20 世纪 20 年代至 20 世纪 60 年代初）。霍特林（Hotelling，1929）构建了考虑市场竞争因素的空间竞争模型（models of spatial competition），随后，史密斯（Smithies，1941），史蒂文斯（Stevens，1961）作了进一步深入研究。克里斯泰勒（Christaller，1933）提出了中心地原理。廖什（Losch，1940）则提出市场选址理论(又称为市场区位论)。区域经济学家艾萨德(Isard,1956)创建区域科学。越来越多的研究者偏重于设施选址的实际应用(王非、徐渝、李毅学,2006),包括产品销售网点的分布与设计(Losch,1954;Moses,1958)、消防设施选址(Valinsky,1955)、垃圾处理厂选址(Wersan,1962)、电话网络程控交换设备选址(Rapp,1962)、铁路货运编组站选址(Mansfield、Wein,1958)等。

第三阶段:确定型设施选址理论的研究完善阶段(20世纪60年代至20世纪80年代)。该阶段中设施选址理论研究受到大量学者的关注,学者们主要对静态的、确定型的选址问题进行了研究,选址模型主要为确定型的选址模型,模型求解能够得到唯一确定的最优解。1963年,库珀(Cooper)正式提出了设施选址问题,并初步探讨了相关求解方法(库珀,1964)。阿隆索(Alonso,1960)提出了城市土地市场理论。库亨和库恩纳(Kuhn、Kuenne,1962)设计了有关广义韦伯问题(the Generalized Weber Problem)的有效迭代算法。弗朗西斯(Francis,1963)提出了最优选址矩形标准及算法。索洛(Solow,1973)提出了城市选址均衡模型。尼杰坎普和帕林克(Nijkamp 和 Paelinck,1973)提出了近代古典式选址模型的栅格搜索法(grid search procedure)。多目标决策方法(Multiple Criteria Decision Making,MCDM)被用来解决多目标情况下的分类和选址问题。洛夫和耶勒克斯(Love 和 Yerex,1976)研究解决了预应力混凝土厂区两个新产品设施受其他建筑限制的选址问题,卡茨和库珀(Katz 和 Cooper,1981)利用欧氏距离(euclidean distance)分析了存在禁止区域的中位(median)选址问题。哈帕恩(Halpern,1978)首次提出了面向实际问题的二重标准平面选址模型(bicriteria planar location models)之后,麦金尼斯和怀特(McGinnis 和 White,1978)、汉森和蒂斯(Hansen 和 Thisse,1981)研究了二重标准有效选址问题。

第四阶段:设施选址理论研究不断深化阶段(20 世纪 80 年代至今)。随着市场变化加剧,实际生产、生活中运输时间、需求量、需求空间分布以及设施建造成本等输入变量不确定性加强,以往静态、确定性选址模型与方法已不能适应选址研究的发展。随机和不确定性选址问题已成为众多学者关注的焦点。此阶段中,学者重点关注了设施选址中的随机性问题和不确定性问题、先进算法的研究与引入以及算法复杂性的研究。卢瓦奥斯(Louveaux,1986)、米参丹尼(Mirchandani,1985)、韦伍和切奇(Weaver 和 Church,1983)等学者在对不确定中值问题研究时均将运输时间与需求设为随机变量。贝尔曼和奥德尼(Berman 和 Odoni,1982)、贝尔曼和勒班克(Berman 和 Leblanc,1984)将运输时间或运输成本设为不确定系统变量研究随机网络的交通问题。奥斯瓦和艾买(Ohsawa 和 Imai,1997;1999)等学者研究了最小和(minisum)和最小最大(minimax)以及最大最小(minimax)和最小最大(minimax)二重标准有效选址问题。关于二重标准选址模型的求解方法的研究,主要分为两类:一是基于 Voronol 图的几何算法;二是基于遗传、模拟退火和蚁群优化算法等启发式的搜索算法。

另外,设施选址影响因素包含了很多空间信息。地理信息系统(GIS)作为新兴的边缘学科具有对空间数据输入、存储,分析和显示的功能。从这种意义上说,GIS 能够帮助选址工作者更准确地确定设施的位置,预示了 GIS 在未来的选址道路上的美好前景。

我国学者对选址问题的研究最早出现于地理学者的著述,"选址"理论多称为"区位"理论,较有影响的有:杨吾扬的《区位论原理》(1989)和《高等经济地理学》(2000)、刘继生的区位论(1994)、张文忠的经济区位论(2000)和李小建的《经济地理学》(2000),上述著作多对西方的选址理论加以引进与转述,创新程度较低。设施选址方面,我国研究较早的学者也是地理学者,王铮的《理论经济地理学(2002)》一书中,有专门章节提到了设施区位,并且该专著对选址理论有独到见解,创新程度较高。

除地理学者外,2000年以后,管理学者也对选址问题给予极大关注,主要集中于设施选址理论与方法在物流管理与规划中的应用,其次,学者还关注了应急系统的选址问题。华中科技大学(马云峰,2005;李延晖,2004;杨珺,2005;章海峰,2006;张敏,2006;翁克瑞,2007;唐凯,2008)、天津大学(严冬梅,2004)、东南大学(郜振华,2006;周爱莲,2007)、同济大学(陈志宗,2006)、山东大学(潘锐,2007)、浙江大学(黄亚东,2007)、南京理工大学(朱长虹,2007)、吉林大学(姚洪权,2009)、中国农业大学(陆相林,2011;王琳,2015)、中国矿业大学(尹峰,2013年)和中国科学院研究生院(赵明,2015)相继有研究选址问题的博士论文出现。较为典型的博士论文有:马云峰(2005)对国内外设施选址研究历史、状况进行了较好的介绍,陈志宗(2006)的博士论文也对设施选址模型进行了较为系统的介绍与总结,潘锐(2007)则从设施选址模型算法的复杂性角度进行了研究,郜振华(2006)则从引入其他理论(如灰色理论)和人工智能算法角度入手对设施选址问题进行研究。此外,论文中对选址问题的总结也较为合理与凝练。我国选址研究多集中在物流中心选址方面,其次是公共设施选址,包括垃圾等有害物品填埋场的选址。

2. 选址问题、模型的类型划分

学者常根据选址中所依据的空间特征划分选址问题、模型的类型

（Revelle 和 Eiselt，2005）。拉曼和史密斯（Rahman 和 Smith，2000）提出选址问题研究基本框架，把选址问题分为公共选址问题和私人选址问题，其中公共选址问题又分为非乐见设施选址问题、中庸型设施选址问题和乐见设施选址问题。选址模型分为决策支持系统（Decision Support Svstem，DSS）、选址配置模型和重力模型。其中，选址配置模型又分为平面选址模型和网络选址模型。网络选址模型又分为中位问题（p-median problems，或称为中值）、中心问题（p-center problems）、集合覆盖（set covering）、最大覆盖（maximal covering）四大类模型，四类模型常常被用于解决乐见型设施选址问题。设施选址问题、模型分类基本框架见图 0.1。

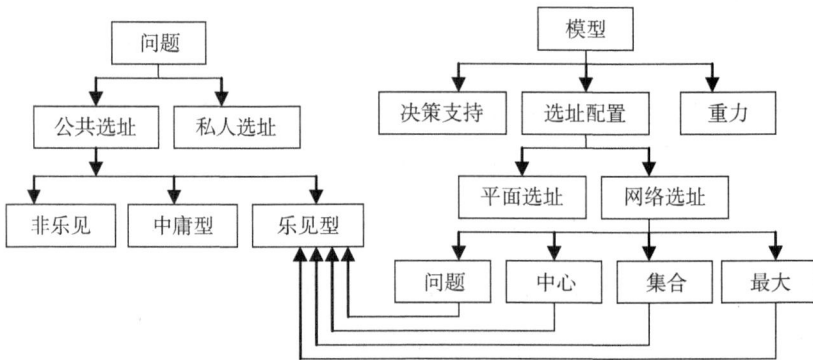

图 0.1 设施选址问题分类基本框架

欧文和达斯肯（Owen 和 Daskin，1998）则从战略规划与决策角度对设施选址问题进行了综述，将选址问题从时间要素角度划分为静态、动态和随机三种情况。

学者克罗斯和德克斯尔（Klose 和 Drexl，2005）进行了如下的总结，认为设施选址模型大体上可以分为以下几类：（1）根据待选设施的形状或网络结构划分，分为平面、网络和离散设施选址模型（又可称为混合整数规划模型);(2)根据目标函数性质,可分最小或者最小最大类型,最小模型目的是实现平均距离最小(又称为中位模型,或者中值模型),常用于私人设施选址问题研究,而最小最大模型(又称为中心模型)的目的是最小化最大距离,常用于公共设施选址问题研究;(3)从模型有无设施容量约束角度考虑分为有设施容量和无设施容量的选址模型,前者不必限制需求的优化配置,后者必须考虑需求的优化配置;(4)从阶段上划分,分为单阶段模型与多阶段模型,前者仅考虑一个阶段的分配系统,后者考虑多个等级中物流的情况;(5)从产品角度划分,分为单产品模型和多产品模型;(6)从需求有无弹性(选址问题常假设需求为给定),分为需求无变化模型和需求有变化模型(如选址问题中的需求与距离间有关联性,随设施点与需求点的空间距离变化而变化);(7)随时间的变化情况,分为静态选址模型和动态选址模型;(8)按变量数据输入性质,分为确定性选址模型(输入为确定性的)和不确定性选址模型(输入为不确定性的);(9)按需求点之间有无联系,分为独立型选址模型和复合型选址模型,前者需求点与供给点之间联系相对于其他的需求点与供给点之间联系为独立的;后者则反之。其他的划分还有,如按选址的目标多少可分为单目标选址模型和多目标选址模型;按选址的受欢迎状况划分为乐见型(desirable)和非乐见型(undesirable)选址模型。

学者瑞伟等(2008)则提供了一个附说明的资料目录,主要从离散选址理论与模型的两个重要分支:一是中位(median)和生产(plant)选址模型问题;二是中心(center)和覆盖(covering)模型角度,总结了近几年有关设施选址问题研究进展,并从四个方面展望了今后的研究趋势。认为未来的四个重要研究领域分别为:(1)古典选址理论的进一步扩展研究领域。此领域的研究可追溯到韦伯（1909）、霍特林（1929）、克里斯泰勒（1933）、廖什（Lösch，1954）的相关研究,该领域仍是当前的研究热点之一,许多学者仍沿着上述学者的理论与思想作进一步的拓展研究。扩展问题主要包括非常规设施选址问题（如污染和灾难救助设施等）、考虑设施间竞争相互作用的设施选址问题和概率选址问题等。（2）考虑不同顾客需求结构的设施选址问题。主要从构建需求点的需求函数［如重心（gravity）模型、logit 模型等］入手进行研究,对选址问题作了进一步的深化研究。如琳达和乔（Linda 和 Chyau，2003）就利用重心模型对中国生产设施选址问题进行了研究。（3）考虑设施与资源调配中拥挤的设施选址问题。主要从排队论入手,典型文献如贝尔曼和德雷兹纳（Berman 和 Drezner，2006）。（4）考虑转载点问题的设施选址（transshipment points）问题。

国内相关综述类文章较少,王非、徐渝和李毅学（2006）对国外离散设施选址问题研究文章进行综述,介绍了 20 世纪 60 年代以来国外设施选址问题主要研究内容与特点,并对其进行分类。把离散选址问题分成中值问题、覆盖问题、中心问题、多产品问题、动态问题、多目标问题、路径选址问题、网络中心选址问题 8 个子问题进行了分析与总结。肖俊华和侯云先（2013）基于设施选址理论,构建了区域救灾物资储备库布局优化模型,并以北京市昌平区为例进行实证。倪冠群（2015）构建了考虑道路通行能力的应急避难点选址模型,并设计了求解算法。

3. 算法方面

选址问题模型多数为 NP-hard 问题（Hakimi，1964；1965）,因此,不能求得精确解,只能求得满意解。库珀（1964）和泰茨、巴特（Teitz、

Bart，1968）提出启发式算法，艾斯雷特和桑不勒姆（Eiselt 和 Sandblom，2004）对元启发式算法（metaheuristics）进行了总结。元启发式算法中最常用的是遗传算法和禁忌算法，比较典型的文献有阿勒皮、艾斯雷特、伊克鲁特（Alp O.、Drezner Z.、Erkut E.，2003）和马拉诺维奇、勒班、汉森（Mladenovic N.、Labbé M.、Hansen P.，2003）的成果。

王战权（2001）针对实际选址过程中当数据规模大求解困难的情况，提出了一种新的基于遗传算法的配送中心的选址模型。龚延成和蔡团结（2004）论述了设施选址的时效性约束问题，构造了带时效性约束的物流中心选址模型，分析了求解重心选址模型传统迭代算法的局限性，提出一种新的基于 Matlab 优化函数的精确算法，并给出算例，验证模型和新算法的可行性。胡桔州（2004）阐述了 Floyd 全部顶点问最短路径算法选址的原理，并通过实例讨论了配送中心选址算法的步骤及 Matlab 程序实现的全过程。姜大元（2005）认为，多物流节点的选址问题可利用鲍摩—瓦尔夫模型求解，通过举例对模型的运用进行了说明。黄斌（2003）应用 Hopfield 人工神经网络进行物流配送中心选址优化，解决了物流配送系统中的线路优化组合问题。魏宝红和杨茂盛（2005）从应急服务设施的选址涉及经济、技术、社会安全等多方面因素考虑，构建了应急系统选址的多目标决策模型，提出一种求解的自适应遗传算法。李彤、王众托（2008；2010；2013）提出，应用模拟植物生长算法，并用于求解设施选址问题。

4. 国内外当前研究热点

（1）考虑拥挤问题的设施选址问题研究。选址问题在 20 世纪 60 年代中期由哈基米（Hakimi）带来复兴，自哈基米（1964；1965）首先提出中位（有的学者称为中值）问题和中心问题以来，中心和中位设施选址问题的研究长期受到学者的关注。中位问题是研究如何选择 p 个服务站使需求点和服务站之间的平均距离最小。哈基米提出该问题之后给出了中位问题的 Hakimi 特性,他证明了中位问题的服务站候选点限制在网络节点上时至少有一个最优解是与不对选址点限制时的最优解是一致的,所以将网络连续选址的中位问题简化到离散选址问题不会影响目标函数的最优值。高德曼(Goldman,1971)给出了在树和只有一个环的网络上为中位问题的简单算法。米切尔(Miehle,1958)研究了平面 1-中位问题,也即 Weber 问题。相关的经典综述见汉德和米参丹尼(Handler 和 Mirchandani,1979)及坦舍尔(Tansel,1983)。

尽管中位问题在数学上表现出吸引人的特性,但在具体应用中,会与实际情况不相吻合,如当服务设施是医院的车库时,则救护车有可能(表现为一定的概率)被占用,此时新的服务需求要么求助于备用救护车,要么处于排队等待状态。在这种情况下,设施点的服务效果,不仅取决于设施点的空间分布,还取决于需求点需求的分布特征以及设施点提供服务的具体过程(如服务质量的高低)。上述问题可以转化为排队问题,运用排队理论加以解决。贝尔曼(1985)利用排队论,对 Hakimi 的单个设施点的选址问题进行扩展研究,探讨了所有顾客都被系统所接受的情况。拉尔森(Larson,1974)首先将排队论应用在选址模型中,主要研究紧急救助组织的车辆区位与服务范围。作者假设区内、区际间呼救时间呈 Poisson 概率分布、服务时间服从指数分布,构建了一个多服务者排队系统。布兰德鲁(Brandeau,1990)研究单个设施的随机排队区位问题,考虑排队与交通时间延迟情况下服务客户的最短反应时间。塞万迪和墨桥(Shavandi 和 Mahlooji,2006)构建了一个关于拥挤系统的模糊选址调度模型,并提出进一步扩展研究的思路。马尔诺夫、玻菲、格莱沃（Marianov、Boffey、Galvão，2009）则基于 M/Er/m/N 研究了设施选址的拥挤问题。常玉林和王炜（2000）也从 M/G/1 角度对城市应急设施选址问题进行了初步的研究。陆相林、刘春玲、赵宁等（2013）构建了考虑拥挤情景的小城镇已有应急公共服务设施功能优化模型，并以山东省滕州市为例进行了实证。

（2）等级设施选址问题研究。设施系统是由不同类型的相互作用的设施组成，通常具有等级性。尽管如此，设施选址问题常常被作为一个单水平系统（单设施类型）进行研究。初期，学者认识到了设施选址的等级性，但对其特征并没有进行清晰表述，如米参丹尼（Mirchandani，1989）考虑了多维情况下的 p-中位选址问题，沃特和丹森（Verter 和 Dincer，1995）则对该问题进行了进一步的扩展研究。色拉和瑞伟（Serra 和 Revelle，1995）则考虑了空间竞争市场背景下的多维 p-中位选址问题。

此外，大量文献还用"等级"来表示一个多水平系统中的不同类型的设施。娜若拉（Narula，1984）提出了一类等级 p-中位选址问题，研究了不同类型设施间等级关系，并对设施内的商品/服务流通的等级关系进行了分析。早期对多水平选址问题进行综述的学者有娜若拉（Narula，1986），切奇、伊顿（Church、Eaton，1987）。娜若拉（Narula，1986）综述了带有分类框架性质的，适用于多个等级系统的 p-中位选址问题。切奇、伊顿（1987）则重点讨论了等级选址中覆盖问题研究成果，并把网络设施选址模型分为推举和非推举系统。达斯肯（1995）简单讨论了等级设施选址问题，概述了设施选址模型间的相互关系，对设施选址中的水平等级间的关系进行了明确界定。塞恩、苏拉（Sahin、Süral，2007）则对 1986—2007 年的等级设施选址问题成果进行了综述。

陈志宗和尤建新(2005)提出了城市防灾减灾设施的层级选址问题,并对层级选址问题模型的应用进行了讨论。王文峰、郭波、刘新亮(2008)对多级覆盖设施选址问题建模及求解方法进行了初步研究,基于传统的最大覆盖模型提出了应急服务设施的多级覆盖选址模型。该模型对"覆盖"概念的定义进行了扩展,考虑了应急服务的多源服务特性以及对多个服务源提供服务时可能存在的差异性。之后,基于分布估计算法(Estimation of Distribution Algorithms,EDAs)提出了模型的启发式求解方法,并基于实验结果对算法参数选取给出了参考意见。陆相林等(2014;2016)构建了城市旅游集散中心等级优化配置模型、小城镇应急物资储备库等级优化选址模型,并以石家庄市和北京市房山区进行了实证。

(3)考虑公平性的设施选址问题研究。公平问题在公共部门设施选址问题中尤其显得突出,相关文献主要沿两条主线进行。一条主线是讨论什么叫作公平,公平原则具有哪些特征;另一条主线是研究为网络中的设施选址问题利用某些公平准则提供有效的算法。玛斯和塞玲(Marsh 和 Schilling,1994)对设施选址问题中的公平性分析原则进行了综述,玻菲和米萨(Boffey 和 Mesa,1996)则对平面设施选址问题进行了综述。德雷兹纳(2007)研究了带有公平性目标的平面性选址问题,并用"大三角小三角"(Big Triangle Small Triangle,BTST)进行了求解实现最小距离极差值的目的。普尔托、瑞卡和斯克扎瑞(Puerto 和 Ricca、Scozzari,2009)则对考虑公平性原则下的面状服务设施选址问题进行了初步研究。当前,我国学者在此方面的研究成果较少。

(4)公共服务设施选址决策支持系统设计与实现。公共设施选址的最终决策,常常是政治性的结果(Hodgart,1978),常常是规划者、政治家、政府当局和公民等不同利益团体共同协商的结果（Massam,1993），很少是从技术层面上进行决策的结果。而且，大量选址模型常常忽略需求点与设施点的空间特征，而笼统地把它们都看成点的集合，导致选址模型受限于数据收集的困难以及数据的有效性而难以付诸实际应用。选址模型的这种缺陷，随着 GIS 技术的出现得以克服（Yeh、Chow,1996;Church,2002;Yeh,1990）。

国外方面,20 世纪 90 年代以来，与 GIS 相结合的选址模型在设施规划中逐步得以应用（Yeh,1990），研究的重点在于利用 GIS 工具，实现选址问题的空间分析与地图展示。基于 GIS 的空间决策支持系统设计研究也相继开展，如阿姆斯特朗（Armstrong,1992）；丹塞姆和拉斯顿（Densham 和 Rushton,1988）；丹塞姆（1994）；格斯和哈克（Ghosh 和 Harche,1993）等的研究成果。GIS 技术对于设施选址问题研究的最大意义在于其地图展示，如城市模拟（Batty,1992）、决策支持和空间决策支持系统设计（Armstrong 等,1992;Densham,1994），它使公共设施选址决策方便、易行。在基于 GIS 决策支持系统研究中，学者多关注系统设计的通用性、概念性，如安特纽斯（Antenucci,1991）；阿诺夫（Aronoff,1989）的成果，对涉及具体区域、具体情景的决策支持系统研究成果较少，特别是有关城市应急物资储备库网络优化决策支持系统的成果较少。

国内方面，当前有关城市应急物资储备库网络优化决策支持系统的研究成果也较少。张龙和周海燕（2004）提出了一种基于 Voronoi 图的设施选址优化算法，并给出了实验结果。黎宇彬（2007）利用 JSP（Java Sever Pages）技术，对物流设施选址系统进行了开发与设计尝试，建立学生物流规划练习系统。宫薇薇（2009）对北京市易腐食品配送网络规划进行研究,并尝试建立了北京市的易腐品配送网络决策支持系统。冯凯(2007)则利用地理信息系统(GIS)技术,以 Microsoft Visual Basic 6.0 为开发平台,嵌入 SuperMap Objects 控件,充分发挥 GIS 软件在空间数据处理上的优势和可视化编程软件在应用程序开发上的强大功能,对小城镇灾害数字仿真与公共安全应急管理系统进行了集成设计与实现。

(5)其他方面。供应链设施选址问题也是当前设施选址问题的研究热点之一,大量学者正对其进行研究(Thanh,2008;Kouvelis 和 Su,2005)。米鲁(Melo,2009)对供应链设施选址问题进行了综述。

基于多目标准则的设施选址问题也是当前研究热点之一,我国学者,如翁东风、费奇和刘晓静等(2004)建立了军队建设项目选址多目标决策模型,在军用电子沙盘中运用叠加模型解决了选址决策空间上可行集的搜索问题,提出了选址规范决策矩阵的构建和求解方法。张敏等(2005)考虑了一类带双重概率约束的多目标应急服务设施选址问题,需求点的需求及服务站所能提供的满意服务均带有概率约束,且其可靠性由需求点与服务站之间的距离决定。在兼顾考虑了服务效益最大化及利益公平性的基础上建立了多目标选址模型,并给出了解决问题的启发式算法。于海生、赵林度(2004)运用层次分析法(AHP)建立物流选址规划方案的评价指标体系,并应用模糊理论将各指标模糊量化,对经过筛选的方案进行模糊综合评判,从而得到最佳方案,较好地解决了物流网络中多设施选址的问题。陆华、杨家其(2002)通过一种启发式算法对各选址方案的费用进行计算、比较评选,淘汰一批按费用准则不可接受的方案。并通过建立物流选址规划方案的评价指标体系和应用模糊理论将各指标模糊量化,对经过筛选的方案进行综合评价、排序,从而得到最佳方案。赵培忻等(2012)提出了基于新型图论聚类法物流系统多设施选址策略。刘静和吴华伟(2015)构建了物流中心选址的区间可拓评价模型。

利用评价手段进行设施选址是我国学者近几年研究的热点之一。黄玲和柳宗伟(2004)提出,基于人工神经网络的选址区位评价模型,通过某大型银行网点的选址实例分析,验证了该评价模型的可行性和实用性。闫莉和张立新(2004)提出,用灰色关联分析法进行设施选址评价。关志民等(2005)从供应链管理的实际需要出发,建立了由公共设施、经营环境、交通运输、宏观环境以及社会效益五方面指标所组成的评价指标体系,给出了一种模糊多指标评价方法。张国方和包凡彪(2003)运用熵权法确定各个指标的评价权重值,建立多级模糊综合评判模型,对大型物流中心的选取进行评判。郭子雪等(2015)构建了基于区间数信息的区域应急物资储备库选址多目标决策模型。

由于上述几个方面的研究内容与本书写作关系不大,故不再赘述。

(五)应急公共服务设施选址研究

应急公共服务设施的优化选址问题是应急管理中必须考虑的实际问题。公共服务设施位置一旦确定,将在较长时间内保留且不能移动,选址优劣会对其服务水平产生很大的影响。应急管理与应急系统的选址问题是如此重要,以至于 1990 年美国颁布的《危险品安全运输条例》(*The Hazardous Materials Transportation Uniform Safety Act*)明确地把应急反应能力(应急调度的效率)列为与危险品运输密切相关的六个重要因素之一,而我国也在医疗、地震、消防等方面颁布了有关处理紧急事件的法令或条例(陆梦,2007)。

应急设施选址问题是设施选址问题中传统的一个研究领域,有较长的研究历史,有丰富的研究成果。最早的应急设施选址研究可归结为柏林(Berlin,1972)的博士论文,拉尔森(1974)从应急设施选址的角度构建了著名的 hypercube 模型,并对该模型进行了扩展研究。马尔诺夫和瑞伟(Marianov 和 Revelle,1995),德雷兹纳(2004)对应急设施选址问题进行了较为系统的综述。

早期的研究文献常假设应急事件不会对交通设施、医院以及其他一些基础设施造成损坏,应急救助能够顺利到达事故地点救助。在德雷兹纳(2004;2006;2007)的研究成果中,对上述假设进行了放松,考虑了突发灾害事件中,基础设施受到部分损坏,受灾人员必须自己到达预设的急救中心的情况。德雷兹纳(2004)提出了基础模型。德雷兹纳(2006)对上述模型进行了扩展,利用了多目标方法,考虑了五个目标,构建了最小最大模型,模型的求解利用了启发式算法和禁忌算法。德雷兹纳(2007)考虑了一个目标(最小化目标),研究了设施数目、覆盖半径和人口百分比之间的权衡问题。孔桑萨克萨库(Kongsomsaksakul,2005)对公共与私人利益进行了区分,利用博弈理论研究了救助点(又称为庇难场所)的优化选址问题,研究中考虑了两个阶段,第一阶段考虑了政府对一系列设施选址进行决策的问题,第二阶段考虑了灾难事件下,受灾人员选择不同的避难场所以及撤退线路问题,在此情况下形成了双水平,复合选址—分配问题,对其求解利用了遗传算法。达拉(Dalal,2007)也从应对飓风角度对避难场所选址问题进行了研究。费尔鲁斯(Fiorucci,2005)的模型针对森林火灾的空军基地选址问题,基于风险评价理论,分别从选址优化和资源的动态配置两个方面进行了研究。

在设施选址问题的扩展模型中,易和奥扎马(Yi 和 Özdamar,2007)从灾后物流角度,为使灾后受伤人员得到及时的救助,实现救助物品和医疗救助延迟时间最小化总体目标,基于最小化准则(minisum criterion)对永久性与临时性应急中心选址问题进行了研究,所构建模型可归入综合容量设施选址—路径模型。

在城市应急服务点选址问题上,方磊和何建敏(2003)在分析影响应急系统选址的因素之上,得出了应急服务设施选址应该采用定量和定性相结合的 AHP 方法。针对 AHP 方法无法解决有限资源的约束问题,提出了综合 AHP 方法和目标规划方法的应急系统选址模型。方磊和何建敏(2003)考虑满足应急系统时间紧迫性的前提下,提出基于系统的费用最小的数学模型,给出了相应的求解算法,并从理论上证明了该应急系统模型求解方法的正确性。方磊和何建敏(2005)提出在城市规划决策中,应急限制期和应急服务设施点建立的费用(数目)都相当重要。针对这个特点,提出了应急限制期下的应急选址模型,并基于分支定界方法的计算模型的最优解。何建敏(2005)则通过《应急管理与应急系统——选址、调度与算法》一书对前人的应急设施选址问题成果作了探索性的总结。

应急物资储备库方面研究成果主要以定性描述建设现状,提出相关对策与建议为主,定量研究成果相对较少,有关已有应急物资储备库功能化的研究成果更少。定性研究中,冉岚(2010)回顾了我国物资储备的历史状况,提出必须建设信息共享的储备系统,完善储备的布局,更新物资储备的管理理念。张永领(2010)提出了我国应急物资储备体系完善的基本思路。定量研究中,郭子雪等(2009)研究了基于梯形模糊数的应急物资储备库最小加权距离选址模型,并给出求解该问题 α-水平最优解的算法。葛春景等(2011)基于轴辐理论,提出应对重大灾害的轴辐式应急物资储备网络体系构建思路。陆相林、侯云先

（2010；2011）对国家级应急物资储备库、小城镇应急物资储备库选址问题进行了探讨与实证。肖俊华和侯云先（2013）构建了区域救灾物资储备库布局优化模型，并以北京市昌平区为例进行实证。陆相林等（2014）构建了市域应急物资储备库选址模型并以石家庄市为例实证。郭子雪等（2015）构建了基于区间数信息的区域应急物资储备库选址多目标决策模型。陆相林等（2016）构建了小城镇应急物资储备库等级优化选址模型，并以北京市房山区进行了实证。

（六）研究现状述评

选址问题研究，特别是设施选址研究仍是管理科学学者关注的焦点之一，层出不穷的选址问题给管理学者带来巨大挑战的同时，也激发了学者对其进行研究的极大热情，选址问题的研究文献与成果在当前仍是大量涌现。然而，国内外学者有关选址问题的研究多侧重于理论方法的探讨，模型的验证较少联系国家、地区实际情况。而联系地方实际的研究中，缺乏从定量角度考察城市应急公共设施选址合理性的文献。因此，对城市应急公共设施优化选址研究，把设施选址理论应用于城市应急物资储备库网络优化，为我国应急管理提供科学支撑极有必要。

国内选址问题研究与国外存在一定差距。总的来说，国内的选址研究尚未形成自己的体系，对国外的研究体系借鉴不够，多数文献研究表现出应用触发的"反应"型被动特点，以热门问题——物流中心选址为背景进行选址研究的文献很多，对公共设施选址的关注不够。研究成果对国外当前的研究热点介绍缺乏全面性（如当前尚无学者对设施选址问题的公平性研究进行介绍）、深入性（学者多对国外选址问题基本模型介绍较多，对扩展模型，如拥挤问题、等级问题、供应链选址问题等则语焉不详）。

大多数国内文献在算法上过于简化介绍,多数文献不给算法或算例,给出算法的文献中的绝大多数没有对其效果进行充分的数理证明或实验对比证明,给出实验数据的文献由于算例的规模过小(往往只有十几个需求点,几个候选点),或样本量太低(一般只有一个例子),不足以证明其在实际运用中的效果(马云峰等,2006)。常用的智能算法在选址问题的国内文献中也都有所应用,比如模拟退火算法、蚁群优化算法、禁忌算法、遗传算法等,大多数作者并没能结合自己所研究的选址问题的特点来进行算法的改进设计,不能保证在实际应用上的效果。

国内外学者对城市应急物资储备库网络优化研究关注较少。笔者通过谷歌学术,利用关键词"city emergency material depository network""urban emergency material depository network"进行论文标题模糊搜索,并没有找到相关文章。笔者通过中国知网以"城市应急物质储备库网络"为主题词进行模糊搜索,也未找到直接相关研究成果。

与本书研究相关的设施网络优化问题新的研究趋势主要有四个方面,一是考虑拥挤情景的设施选址问题;二是等级设施选址问题;三是均等化视角下的公平选址问题;四是共生理论与设施网络优化结合问题。因此,本书的写作主要从上述四个方面入手,结合城市应急物资储备库网络实际需要,通过相应模型的构建、算法设计,有效配置城市应急资源、合理布局城市应急物资储备库,从而实现对城市公共安全应急管理与决策需要强有力的支持。

三、研究对象的界定

(一)城市

本书中认同《城市规划基本术语标准》中对城市概念的界定,即城市是以非农业产业和非农业人口集聚为主要特征的居民点,包括按国家行政建制设立的市、镇。

(二)城市突发公共事件分类

根据潜在致灾原因不同,可将城市突发事件分为自然灾害和人为突发事件两大类。城市突发事件分类系统见图0.2。

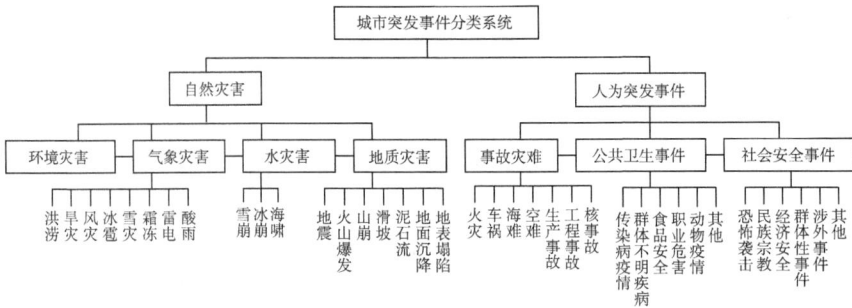

图0.2 城市突发事件分类系统

(三)应急管理

应急管理对应于英语中的"emergency management",与紧急事务管理等同,是针对突发事件(如特大、重大灾害、社会事件)的危险处置提出来的。突发事件中的危险一般包括人的危险和物的责任,但归根结底是人的危险,以及与人相关的危险。突发事件中的危险由突发事件、突发事件发生的可能性以及突发事件可能发生的危险情景构成。应急管理是针对突发事件的这些环节进行的管理,应急管理的基本目标是突发事件发生后,把代价与成本降到最低,应急管理的最高理念应是防患于未然,努力降低突发事件发生的可能性,消除突发事件可能发生的危险情景。并非所有的突发事件都会转化为灾害,但灾害都可以归为突发事件,都是应急管理的对象。

（四）选址与设施选址

如前所述，"选址"的理论研究最早出现于德国，1886 年被译为"location"。国内地理学者习惯于译成"区位"（张文忠，2000），而管理学者习惯于译成"选址"（蔡临宁，2003；马云峰，2005）。本书统一把"location"一词译成"选址"，与之相对应，"facility location"则译成"设施选址"，而非"设施区位"（地理学者的习惯译法，王铮，2002）。

设施选址是一个十分古老而又经典的问题，是对与生产、商业流通，及公共安全设施有关的用地规模相对较小的具体网点、场所，如工厂、仓库、变电站、加油（气）站、消防站、污水处理中心等进行空间组织，实现资源优化利用的过程。设施选址解决的是"what is where"问题。这里"what"是指工厂、办公室、居民区，或阵地、营区营房等民用和军事设施，"where"是指供应、消费、竞争或作战等经济或军事活动。选址问题研究内容相当广泛，宏观的如城市、产业带、经济区，微观的如公司、机场、水利设施、居民小区、销售网点、仓库、配送中心等都可成为选址问题研究的范畴。

（五）城市应急物资储备库的界定

学者对何为应急物资储备库，其具体表现形式、存在类别并无明确、系统的论述。本书把其界定为：应急物资储备库是应急物资的储备场所。依据应急需求特征，应急物资储备库可分为生活类应急物资储备库、专业性应急物资储备库、特定应急物资储备库；从最高行政隶属和调用上看，负责调用部门为应急管理部，管理和正常运作属于国家粮食和物资储备管理局。

应急物资保障是指"在面对灾害和突发事件时，通过快速识别和动态确定危险级别，以应急物资的调配为主题，进行有效计划、组织、领导、控制,以追求事件效益最大化和损失最小化的一种特殊需求的物质保障活动"(刘剑君,2013)。应急物资保障工作一般分为物资需求分析、应急物资筹集和应急物资存储管理等方面。

四、研究目标和内容

(一)研究目标

1. 总体目标

结合城市应急管理中的应急物资储备库科学布局的实际需要,通过城市应急物资储备库网络优化模型的甄选、构建、算法设计,合理布局城市应急物资储备库,有效配置城市应急资源,努力实现城市公共安全应急管理与决策的定量化、客观化、科学化。成果将对城市应急管理起到一定的指导作用,在一定程度上丰富选址理论。

2. 具体目标

(1)通过构建城市已有应急物资储备库网络优化模型优化城市现有应急物资储备库网络。

(2)考虑拥挤情景的城市已有应急物资储备库网络优化模型与实证研究。

(3)考虑增建情景的城市应急物资储备库网络优化模型与实证研究。

(4)考虑等级特征的城市应急物资储备库网络优化模型与实证研究。

(5)构建均等化视角下的城市应急物资储备库网络优化模型并进行实证。

(6)基于共生理论对城市群应急物资储备库网络优化进行实证。

（二）研究内容

本书的主要研究内容包括以下几个部分。

（1）介绍城市应急物资储备库网络优化与实证研究的背景及意义、选址问题（特别是设施选址问题）国内外研究现状、发展趋势与存在问题，完成对城市应急物资储备库网络优化问题相关的基本概念与研究对象的界定，提出研究思路、主要内容。

（2）对城市应急物资储备库网络优化问题进行理论分析。主要包括：城市应急物资储备库网络优化的相关理论介绍，城市应急物资储备库网络优化的相关模型介绍，城市应急物资储备库网络优化的相关启发式算法介绍。

（3）开展城市已有应急物资储备库网络优化模型与实证研究。考虑覆盖半径内需求满意差异的同时，构建拥挤情景下的城市已有应急物资储备库网络优化模型，并设计了启发式算法进行求解。以河北省石家庄市为例实证，得出应急物资储备库的归属单位，服务乡（镇）与服务半径，并提出配置建议。

（4）开展考虑拥挤情景的城市已有应急物资储备库网络优化模型与实证研究。以创造应急物资需求点民众总体满意程度最大为目标，构建了考虑交通方式、需求点风险程度的考虑增建情景的城市应急物资储备库选址模型。把所建模型应用于石家庄市，为其应急管理工作的科学化提供一定的决策依据。

（5）开展考虑增建情景的城市应急物资储备库网络优化模型与实证研究。提出了城市应急物资储备库等级选址问题并构建模型，厘清了城市应急物资储备库等级配置的三级优化思路。结合北京市房山区的需要，完成了房山区 8 个区级应急物资储备库的优化选址，并实现 8

个区级应急物资储备库与 25 个乡镇应急物资储备库的空间联系优化，提出相关建议。

（6）开展考虑等级特征的城市应急物资储备库网络优化模型与实证研究。提出了城市应急物资储备库等级选址问题并构建模型，厘清了城市应急物资储备库等级配置的三级优化思路。结合北京市房山区的需要，完成了房山区 8 个区级应急物资储备库的优化选址，并实现 8 个区级应急物资储备库与 25 个乡镇应急物资储备库的空间联系优化，提出相关建议。

（7）均等化视角下的城市应急物资储备库网络优化模型与实证研究。基于国内有关设施选址公平问题研究成果很少的现实，梳理国内外公平选址研究的主要脉络，引入公平设施选址方法解决公共服务均等化视角下的应急物资储备库网络优化问题。认同公平准则中，加权距离方差最小准则较适合于多设施选址公平问题的解决。如果设施点与需求点距离未定，加权距离方差最小准则下的多设施选址公平问题为非线性整数规划问题，极难求解。针对此情况，提出先计算出（或调查出）设施点与需求点之间距离后，再建立多设施选址公平模型的思路。在其基础上，构建了相对较易求解的设施选址公平问题的线性整数规划模型，模型利用拉格朗日松弛算法求解，以河北省石家庄市应急物资储备库选址问题为例进行了实证。

（8）基于共生理论的城市应急物资储备库网络优化与实证。借鉴共生理论，针对重大突发事件下，应急物资储备均匀配置会导致城市群应急资源利用效率低下，且不能最大限度满足受灾点所需的弊端，考虑了城市群各城市应急物资储备保障能力存在差异的现实，从应急物资储备保障能力、对外关联和外向功能三个视角分析，确定京津冀城市群应急物资储备网络多中心共生关系。

五、研究方法、思路与主要创新之处

（一）研究方法

1. 最优化理论方法

最优化问题：一类是连续变量的最优化问题（又称函数优化）；另一类是离散变量的最优化问题，是从一个无限集或者可数无限集里寻找一个对象（一个整数、集合、排列或者图），此类问题又被称为组合优化问题。本书研究的范畴属于后者，主要应用运筹学中的 0-1 整数规划，并结合排队论方法完成模型构建、算法设计及求解。此外，人工智能算法中的蚁群优化算法、模拟退火算法、遗传算法等也得以使用。

2. 计算机运算与编程

主要涉及 Matlab 2014 数学工具，Arcgis10.3 地理信息系统开发工具等。

3. 文献调查法

由于选址理论研究已有近百年的历史，本书通过大量搜集、阅读设施选址问题研究的国内外相关文献资料，把握当前设施选址以及城市应急物资储备库网络优化研究的未来趋势，并从中寻找本书写作的理论突破与创新点。

4. 实地调查法

通过实地调查合理确定城市应急物资储备库网络优化模型的目标函数与约束条件，真实了解城市应急物资储备库与应急物资需求点的空间联系状况，从而提高所构建模型的有效性及现实意义。

5. 系统分析方法

依据系统理论,全面分析城市应急物资储备库网络优化问题的各个方面,然后进行关键变量抽象提取,构建出相关选址模型,并进行实证分析。

6. 个案研究法

为做到理论与实践相结合,以河北省石家庄市、北京市房山区应急物资储备网络优化为例,进行个案研究。

(二)研究思路

在对国内外有关设施选址研究成果进行系统综述的基础上,归纳和概括适用于城市应急物资储备库网络优化实际的选址原则、模型与算法。主要从城市应急物资储备库网络的静态优化和动态优化两个角度入手。静态优化具有短期性和应急性,强调已有设施的充分利用,并确定其覆盖半径,一般为针对短期的,特别是突发事件已发生,或即将发生情况下设施选址,可为每一年度的应急预案的制定提供决策依据。

具体研究思路见图 0.3 技术路线图。

(三)主要创新之处

设施选址问题研究的方向主要有四个方面:一是不断地修正和改进模型,使模型更简洁易懂更有效地反映现实问题的本质;二是提出有效的算法,并探讨已有算法的最优性,对所求解与最优解的偏差进行有效估计;三是对算法复杂性的讨论(杨珺,2005);四是为设施选址问题提供决策支持、系统的理论与技术支持。本书将主要从前三个方面寻找突破点。

1. 内容创新

甄选、构建适用于城市应急物资储备库网络优化的数学模型,并努

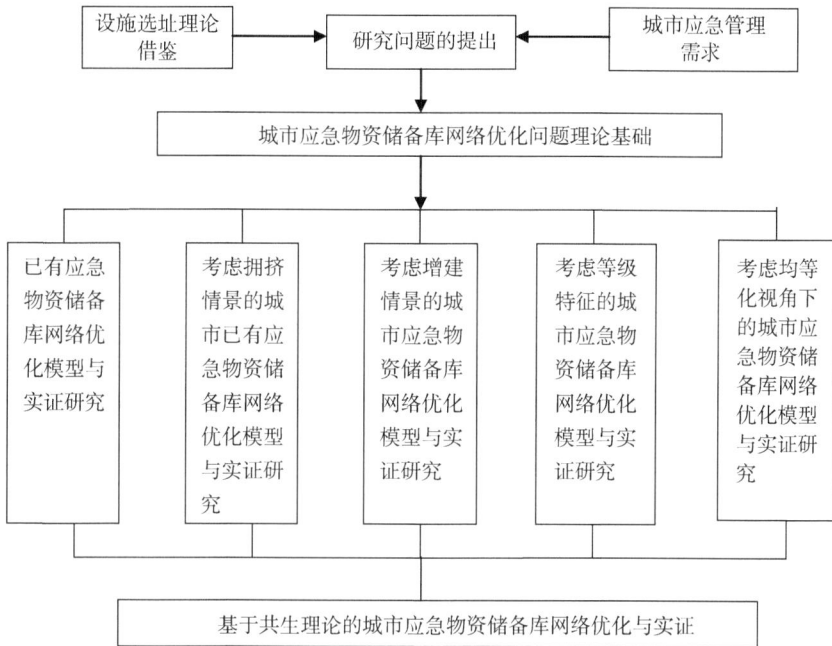

图 0.3　技术路线图

力做到理论与城市应急管理实际的结合,把所建模型应用于石家庄市、北京市房山区应急物资储备库网络优化研究。

(1)提出了城市已有应急物资储备库网络优化问题并进行实证,解决了城市应急公共服务体系中已有应急物资储备库与应急物资需求点的最优空间联系问题。

(2)提出了考虑拥挤情景的城市已有应急物资储备库网络优化问题。在城市已有应急物资储备库网络优化定量分析的基础上,进一步构建了考虑拥挤情景的城市已有应急物资储备库网络优化模型,并以河北省石家庄市已有应急物资储备库网络为例进行实证。

(3)提出了考虑增建情景的城市应急物资储备库网络优化问题。在考虑覆盖半径内需求满意差异的同时,构建了考虑增建情景的城市应急物资储备库网络优化模型,并设计启发式算法求解。以河北省石家庄市为例进行实证。

(4)提出了考虑等级特征的城市应急物资储备库网络优化问题。构建了考虑覆盖半径内需求满意差异性,具有单流、嵌套性、同调性特征的城市应急物资储备库等级选址模型,并利用蚁群优化算法进行求解。

(5)开展均等化视角下的城市应急物资储备库网络优化模型与实证研究。构建了公共服务均等化视角下的城市应急物资储备库网络优化模型,认同公平准则中,加权距离方差最小准则较适合于多设施选址公平问题的解决。如果设施点与需求点距离未定,加权距离方差最小准则下的多设施选址公平问题为非线性整数规划问题,极难求解。针对此情况,提出先计算出(或调查出)设施点与需求点之间距离后,再建立多设施选址公平模型的思路。在其基础上,构建了相对较易求解的设施选址公平问题的线性整数规划模型,模型利用拉格朗日松弛算法求解,以河北省石家庄市应急物资储备库选址问题为例进行了实证。

2. 方法应用创新

(1)总结了较有特色的基于设施选址理论的城市应急物资储备库网络优化模式,主要包括:①城市应急物资储备库特征分析,主要包括城市应急物资储备库的等级、已有与新建、建设成本等特征分析;②应急物资需求点的特征分析,主要包括城市应急物资需求点的人口数量、风险概率、经济重要性等的特征分析;③城市应急物资储备库与应急物资需求点空间联系测定;④城市应急物资储备库空间结构优化模型选择、改进或构建,在模型目标函数与约束条件中加入反映现实特征的模型参数;⑤城市应急物资储备库空间结构优化模型求解算法选择、改进与再设计;⑥选择城市、区域进行实证,此步骤又可包括空间结构优化依据、储备库个数确定,优化结果数据显示,结构优化建议提出等。

(2)本书所研究的城市应急物资储备库网络优化问题都是 NP-hard 问题(Hakimi,1964;1965),对于此类问题的求解,精确算法以及一般的商业优化软件无能为力,只能依靠启发式或近似算法来求得其近似解(满意解)。因此,笔者针对各章所提出的模型,努力从构建混合启发式算法角度完成求解。除了学者最常用的贪婪启发式算法、Teitz-Bart 启发式算法外,笔者还努力综合运用了人工智能算法中的蚁群优化算法和模拟退火算法等。

第一章　城市应急物资储备库
网络优化的理论分析

　　城市应急物资储备库网络优化问题涉及设施选址理论、共生理论、BOWTIE 理论、复杂系统脆性理论、韧性理论等。本章将对城市应急物资储备库网络优化中的理论依据加以分析。城市应急物资储备库网络优化问题属于设施选址问题研究的范畴,而设施选址问题则属于最优化问题的范畴。最优化问题通常分为连续变量最优化问题和离散变量的最优化问题两大类。其中,离散变量的最优化问题又称为组合最优化,旨在实现离散事件的最优化(如优化配置、调度编排、分组筛选等),是运筹学的一个重要分支,在经济管理、工程管理、通信网络等多个领域得到广泛应用。本章城市应急物资储备库网络优化的理论分析,主要对组合优化理论、问题与算法的基本观点进行介绍;对设施选址的基本模型,即集合覆盖模型、最大覆盖模型、中位模型、中心模型进行说明;设施选址问题的算法中,重点介绍启发式算法中的贪婪式启发式算法、拉格朗日松弛算法,人工智能算法中的蚁群优化算法、模拟退火算法,遗传算法等。通过本章对城市应急物资储备库网络优化的理论分析,为后面第三、四、五、六章的研究提供基本的理论支撑。此外,对共生理论、BOWTIE 理论、复杂系统脆性理论、韧性理论等加以说明,

40

为后面第七章的分析提供理论支撑。

第一节　最优化理论

一、最优化理论方法概述

本书最优化问题属于离散变量的最优化问题,旨在从一无限集或者可数无限集寻找一个对象(一个整数、集合、排列或者图),又称为组合最优化问题(邢文训和谢金星,1999)。

组合最优化问题一般形式为:

$$\min f(x) \tag{1-1}$$

s.t.

$$g(x) \geqslant 0$$

$$x \in D$$

组合最优化问题常用三个参数 $(D、F、f)$ 表示,其中,D 表示决策变量的定义域,$F = \{x \mid x \in D, g(x) \geqslant 0\}$ 表示可行解区域(可行域),f 表示目标函数。其中,F、D 为有限点集。

邻域函数是优化中的一个重要概念,与函数优化相比,组合最优化的邻域函数的具体方式存在差异。对于组合最优化问题,一个邻域函数可以定义为一种映射,即:

$$N: x \in D \to N(x) \in 2^D \tag{1-2}$$

式(1-2)中,2^D 表示 D 所有子集的集合,$N(x)$ 为 x 的邻域。

二、问题概述

问题是一个抽象的模型或概念,是需要回答的一般性问题,常通过

如下描述给定(邢文训和谢金星,1999):(1)描述所有参数的特性;
(2)描述答案满足的条件。

问题通过它的所有实例表现,实例是问题的表现形式,问题是实例的抽象。

三、算法概述

算法常常是针对一个问题而设计的。

一个数在计算机中存储占据的位数称为这个数的规模或编码长度,对于任意整数 x ,其输入规模为(包含一个符号位和一个数据分隔符):

$$l(x) = \lceil \log_2(|x| + 1) \rceil + 2 \tag{1-3}$$

式中,$\lceil \log_2(|x| + 1) \rceil$ 表示不小于 $\log_2(|x| + 1)$ 的最小整数。

一个实例的规模定义为这个实例所有参数数值的规模之和(包括不同数据之间的特殊分隔符)。一个算法解一个实例的计算量定义为,算法求解中的加、减、乘、除、比较、读和写磁盘等基本运算的总次数。一旦实例和算法给定,则计算量也为一个确定值。

记一个问题的实例为 I ,用 $l(I)$ 表示实例 I 的规模,算法 A 在求解 I 时的计算量(基本计算总次数)为 $C_A(I)$,当存在一个函数 $g(x)$ 和一个常数 α ,使其对于该问题任意的实例 I 均满足:$C_A(I) \leq \alpha g[l(I)]$,则用 $C_A(I) = O\{g[l(I)]\}$ 表示,意指算法 A 解实例 I 的总计算量 $C_A(I)$ 是实例规模 $l(I)$ 的一个函数,此函数又被另一个函数 $g[l(I)]$ 控制,函数 $g(x)$ 的函数特性决定了算法的特性,当 $g(x)$ 为多项式函数时,则称该算法为解决对应问题的多项式时间算法。对于给定的优化问题,若存在算法 A 、多项式 $g(x)$ 和常数 α ,使式 $C_A(I) \leq \alpha g[l(I)]$ 对该问题的所有实例成立,则称给定的优化问题是多项式可解问题,简称为多项式问题,多项式问题的集合记为 P(Polynomial)。经过几代数学家的努力,研究整理了一类难以求解的组合最优化问题。迄今为止,此类问题尚无求得最优解的多项式算法,常称为 NP(NP-complete)完全或 NP(NP-hard)问题,基于此,学者尝试用一些并不一定可以求得最优解的算法来求解组合最优化问题,此类算法通常称为启发式算法。

启发式算法是相对于最优化算法而言,启发式算法有两种定义:一种是基于直观或经验构造的算法;另一种定义为启发式算法是一种技术,此技术使其在可接受的计算费用内去寻找最好的解。

启发式算法有以下优点:(1)简单易行,比较直观,易被使用者接受;(2)运算速度快;(3)多数情况下程序较简单,易于在计算机上实现和修改;(4)一些启发式算法可以用于最优化算法中,如在分支定界法中,可能用启发式算法估计下(上)界。不足之处在于:(1)不能保证最优化解;(2)表现不稳定,启发式算法在同一问题的不同实例中会有不同的效果;(3)算法好坏常常依赖于实际问题、算法设计者的经验和技术。

第二节　设施选址模型

如前所述,城市应急物资储备库网络优化属于设施选址问题研究的范畴。设施选址问题研究的基本脉络为:由传统的确定性设施选址问题研究向现代的随机性和不确定性设施选址问题不断拓展。在传统确定性选址问题研究中,主要有覆盖问题、中心问题和中位问题,覆盖问题又分为集合覆盖问题和最大覆盖问题。韦伯(Weber,1909)是设施选址问题最早的研究者,库珀(1963)正式提出了设施选址问题,哈基米(1964;1965)首先提出中位问题和中心问题。集合覆盖选址问题最早由罗斯(Roth,1969)和托雷格斯(Toregas,1971)等提出。切奇和瑞韦(Church 和 Revelle,1974)首先提出最大覆盖问题模型。

一、集合覆盖模型

该模型由罗斯(1969)和托雷格斯(1971)等提出,其核心目的是确定能够覆盖所有需求点的设施点的最少数目。模型如下所示:

$$\min \sum_{j \in J} y_j \qquad (1\text{-}4)$$

s.t.

$$\sum_{j \in N_i} y_j \geqslant 1 \,; \forall i \in I$$

$$y_j \in \{0,1\} \,; \forall j \in J$$

模型中 y_j 为 0-1 变量,如果候选设施点 j 被选择进行设施建设,则取 1 值,否则,取 0 值;i 代表需求点;I 表示需求点的全体;j 代表设施点;J 表示设施点的全体;d_{ij} 为需求点 i 至设施点 j 的距离。

D_c 指覆盖半径;N_i 指能够覆盖需求点 i(能够为需求点服务)的设施点的集合,有 $N_i = \{j \mid d_{ij} \leqslant D_c\}$。

二、最大覆盖模型

由切奇、瑞韦(1974)最早提出,核心目标为设点数目一定的情景下,实现最大数量的覆盖量(人口数量、物资需求量等),基本模型如下：

$$\max \sum_{i \in I} a_i x_i \tag{1-5}$$

s.t.

$$\sum_{j \in N_i} y_j \geqslant x_i \, ; \, \forall \, i \in I$$

$$\sum_{j \in J} y_j = p$$

$$x_{ij} = 0,1 \, ; y_j = 0,1$$

模型中 x_i 为 0-1 变量，如果需求点 i 被设施点 j 覆盖，则取 1 值，否则，取 0 值；y_j 指 0-1 变量，如果候选设施点 j 被选择进行设施建设，则取 1 值，否则，取 0 值；a_i 为需求点 i 的人口数量；i 代表需求点；I 表示需求点的全体；j 代表设施点；J 表示设施点的全体。

d_{ij} 为需求点 i 至设施点 j 的距离；D_c 指覆盖半径；N_i 指能够覆盖需求点 i （能够为需求点服务）的设施点的集合，有 $N_i = \{j \mid d_{ij} \leqslant D_c\}$。

三、中位问题模型

由哈基米（1964）最早提出，核心目标为实现 p 个设施点时，设施点与需求点总加权距离的最小化，同时确定 p 个设施点的位置，基本模型如下：

$$\min \sum_{i \in I} \sum_{j \in J} a_i d_{ij} x_{ij} \tag{1-6}$$

s.t.

$$x_{ij} \leqslant y_j \, ; \, \forall \, i,j$$

$$\sum_{j \in J} x_{ij} = 1 \, ; \, \forall \, i$$

$$\sum_{j \in J} y_j = p$$

$x_{ij} = 0,1 ; y_j = 0,1$

模型中 x_{ij} 为 0-1 变量,如果需求点 i 被设施点 j 覆盖,则取 1 值,否则,取 0 值; y_j 指 0-1 变量,如果候选设施点 j 被选择进行设施建设,则取 1 值,否则,取 0 值; d_{ij} 为需求点 i 至设施点 j 的距离; a_i 为需求点 i 的人口数量; i 代表需求点; I 表示需求点的全体; j 代表设施点; J 表示设施点的全体。

四、中心问题模型

中心问题模型由哈基米(1964)最早提出,核心目标为实现 p 个设施时,网络中任意需求点至其最近设施点的最大距离的最小化,也可以进一步表述为最小化各需求点被各设施点覆盖的最大加权距离,基本模型又可分类加权情景和不加权情景,本书只给出加权情景下的模型:

$$\min W \tag{1-7}$$

s.t.

$$x_{ij} \leqslant y_j ; \forall i, j$$

$$\sum_{j \in J} x_{ij} = 1 ; \forall i$$

$$\sum_{j \in J} y_j = p$$

$$W - \sum_{j \in J} a_i d_{ij} x_{ij} \geqslant 0$$

$$x_{ij} = 0,1 ; y_j = 0,1$$

模型中 W 为需求点 i 至设施点 j 加权距离的最大值; x_{ij} 为 0-1 变量,如果需求点 i 被设施点 j 覆盖,则取 1 值,否则,取 0 值; y_j 指 0-1 变量,如果候选设施点 j 被选择进行设施建设,则取 1 值,否则,取 0 值; d_{ij} 为需求点 i 至设施点 j 的矩离; a_i 为需求点 i 的人口数量; i 代表需求点;j 代表设施点;J 表示设施点的全体。

第三节　启发式算法

如前所述,城市应急物资储备库网络优化属于设施选址问题研究的范畴。设施选址问题的启发式算法有多种类型,可分为:(1)简单直观算法,又分为一步算法和改进算法;(2)数学规划方法,又分为解平面松弛算法和拉格朗日松弛算法;(3)现化优化算法,主要包括禁忌算法、模拟退火算法、遗传算法、蚁群算法等。这里主要介绍与本书写作相关的启发式算法。

一、设施选址的简单直观算法

如前所述,简单直观算法又分为一步算法和改进算法,设施选址算法也有如此划分。库恩和哈姆博格(Kuehn 和 Hamburger,1963)提出第一个有关无容量限制的生产选址问题的一步启发式算法。从此以后,学者提出了大量有关选址问题的一步启发式算法。马兰泽那(Maranzana,1964)提出一个仓库数目预先给定的仓库选址问题,提出的启发式算法思路为:首先确定 p 个设施点在网络中的位置,把网络分成了 p 个子集,每一子集与某一设施相联系。沿此思路继续进行分解,完成下一级别设施再配置,直至得到稳定解。设施一步算法中,最常用的就是简单贪婪算法,之后,学者又提出随机贪婪算法和转换贪婪算法。格罗斯曼和乌尔(Grossman 和 Wool,1997)验证表明:随机贪婪算法、简单贪婪算法和转换贪婪算法在求解集合覆盖问题中具有很好的效果,优于许多其他算法。

简单贪婪算法又可分为贪婪加和贪婪减两种类型，这里以简单贪婪加为例，其基本步骤为：

第一步：初始化。令各需求点未被设施点覆盖，此时有 $\xi_i = 0$，$\forall i$；$A = \varnothing$；$U = I$。其中，ξ_i 意指覆盖需求点 i 的设施点个数，A 为选定的设施点的解集；U 未被覆盖的需求点集合；I 为需求点的集合。

第二步：用贪婪相加思想向解集中增加候选点，直到不能满足所有约束条件。执行如下操作：（1）$A = A \cup \{j \mid \min\limits_{j \in J-A} r_j\}$。其中，$r_j = \dfrac{1}{\sum\limits_{i \in U} a_i g_{ij}}$，$a_i$ 为需求点的人口数（也可指需求量），g_{ij} 表示覆盖半径需求满意差异的参数。（2）$\xi_i = \xi_i + 1$；$\forall i \in \varphi_j$。其中，φ_j 是指被待选设施点 j 覆盖的需求点集。（3）$U = U - \varphi_j$。（4）若 $\xi_i \geqslant 1$，则 $x_i = 1$，否则 $x_i = 0$；$\forall i$。其中，x_i 指需求点 i 被设施点覆盖的情况。（5）若 x_i 值满足选址模型的约束条件，则转至第三步，否则转至本步（1）。

第三步：将冗余的服务站点从解集中去掉，以便提高设施点的服务效率。（1）令 $\zeta = A$，ζ 是指已选入，将依次对 A 进行冗余剔除试验的设施点集合；（2）按字母顺序从 ζ 中选择一个设施点，依次试验，因此有 $j \in \zeta$，令 $\zeta = \zeta - j$；（3）若 $\xi_i \geqslant 2$，$\forall i \in \varphi_j$，则 $A = A - j$，$\xi_i = \xi_i - 1$，$\forall i \in \varphi_j$；（4）若 $\zeta = \varnothing$，即对 ζ 中的每一个设施点进行冗余剔除试验完毕，则结束算法，否则转向第二步。

设施选址的改进算法中，泰茨和巴特（1968）提出一个经典的启发式算法，最早用来解决中位问题，求解过程中，系统地在已使用设施与未使用设施之间进行交换，在每次交换中，只有目标函数值得以改进的交换得到重视，直至发现满足要求的解为止，交换才停止。代尔（Diehr，1972）、考杰斯（Cornuejols，1977）、罗森（Rosing，1974）和哈格森

（Hodgson，1986）都证明此方法具有极高的效率和鲁棒性，是设施选址中应用最广、效果较好、最基本的一种算法，基本步骤如下：

第一步：随机选择设施点，构成集合 P，运用第一阶段的配置算法，获得集合 P 的一个解。

第二步：通过随机移除 P 中的某一设施点 j（$j \in P$），随机加入某一设施点 j'（$j' \notin P$），然后计算目标函数值，观察其值变化。

第三步：如果目标函数值得到改善，则执行此移出、加入操作，并返回第二步。

第四步：如果目标函数值得不到改善，结束本过程。

之后，考杰斯（1977）提出一种贪婪式启发式算法，用来得泰茨、巴特（1968）启发式算法的初值，进而来解决中位问题，此方法能够更加有效地解决较大数目的中位问题，例如弗郎西斯（1983）证明，该方法能够用 IBM370/168 电脑，在 10 秒以内完成设施点 $m = 100$，需求点 $n = 100$ 的中位问题求解。

等级设施选址问题中，最初学者提出由下至上（bottom-up）和由上至下（top-down）启发式算法来解决同调性等级设施选址问题。两种方法把各等级看成是独立的层次，分别对每一层求其最优化，由下至上算法指的是先从最低层优化，求得其最优化，继而求上一层最优化，直至最高层；由上至下算法则反之。如班基尼和费雪（Banergi 和 Fisher，1977），费雪和拉斯顿（Fisher 和 Rushton，1979）构建了同调性等级中位设施选址模型，并利用上述方法求解。李（Lea，1978）、娜若拉（1981）、哈格森（1984）证明了上述两种方法只能产生低劣解，提出了效果更好的启发式算法，称为联立解法（simultaneous approach）。他们还发现，由下至上算法求得的低等级解较为准确，而随着等级上升，总体结果变劣。而由上至下算法则反之。

基于此,色拉、瑞伟(1991)把由下至上、由上至下算法和泰茨、巴特(1968)启发式算法相结合,提出了四种新的求解双层中位问题的混合式启发式算法,分别称为 SAPHIIER 1(Solution Algorithm for the P-median Hierchical Problem,又称"超级节点算法")、SAPHIIER 2、SAPHIIER 3 和 SAPHIIER 4,实证结果表明 SAPHIIER 1 方法极为高效。之后,色拉、瑞伟(2001)又提出一种双层启发式算法,用来解决HiQ-MCLP(Hierarchical Queuing Maximum Covering Location,等级排队最大覆盖选址)问题。SAPHIIER 1(超级节点算法)的基本特点以两层级设施选址为例,低等级命名为第 1 等级,高等级称为第 2 等级,需求点可以称为第 0 等级。同时,设施点提供 A、B 两种不同水平的服务。

该方法存在迭代,第一次迭代分两个阶段。在第一阶段,努力实现提供 A 类型服务 $p_l + q_h$ 个第 1 等级设施的最优化配置,此阶段可以通过贪婪启发式算法、分支定界方法、拉格朗日松弛算法,以及泰坎、巴特(1968)启发式算法等求解。$p_l + q_h$ 个第 1 等级设施最优化配置后,将形成以第 1 等级设施为中心,各需求点对之进行围绕的第 1 等级设施点——需求点区域,称为超级节点(supernodes)。计算得到第一次迭代的 A 类型服务的最优化目标函数值 z_a^1。在第二阶段,将实现提供 B 类型服务的 q_h 个第 2 等级设施点,对 $p_l + q_h$ 个超级节点的优化配置。求解方法仍可用常规方法完成,如贪婪启发式算法、分支定界方法、拉格朗日松弛算法,以及泰茨、巴特(1968)启发式算法等。计算得到第一次迭代的提供 B 类型服务的最优化目标函数值 z_b,进而得到第一次迭代的总目标函数值:$z^1 = w_a z_a^1 + w_b z_b^1 = w_a z_a^1 + (1 - w_a) z_b^1$。上述两个阶段构成了第一次迭代。

第二次迭代仍分为两个阶段。第一阶段中,在第一次迭代第一阶段中未被选择候选设施点中随机选择一个,从已选择的设施点中随机剔除一个,计算得到第二次迭代的 A 类型服务的最优化目标函数值 z_a^2。在第二阶段,仍是实现提供 B 类型服务的 q_h 个第 2 等级设施点,对 $p_l + q_h$ 个超级节点优化配置。计算得到第二次迭代的 B 类型服务的最优化目标函数值 z_b^2,进而得到第二次迭代的总目标函数值: $z^2 = w_a z_a^2 + w_b z_b^2 = w_a z_a^2 + (1 - w_a) z_b^2$。上述两个阶段构成了第二次迭代。比较 z_2 与 z_1 的大小,如有 $z_2 > z_1$,则接受此次迭代结果;否则,不接受。

继续进行以后的迭代。当达致一定的迭代次数,目标函数值仍得不到进一步的优化,结束计算,得到等级优化配置的最后结果。

二、设施选址的数学规划方法方面

代尔(1972),彼德、克拉普(Bilde、Krarup,1977),艾伦克特(Erlen-kotter,1978),利用对偶线性规划求解中位问题,可得到与泰茨、巴特(1968)启发式算法一样的结果。斯彼博格、嘎纳德(Spielberg、Guignard,1979)利用对偶上升过程(dual ascent procedures)得到了无容量限制设施选址问题的满意解。娜若拉(1977)应用拉格朗日松弛算法进行求解中位问题。之后,杰弗林、米克贝(Geoffrion、McBride,1978),考杰斯(1977),嘎纳德(1988)对该方法作了进一步的改进尝试。拉格朗日松弛算法和线性松弛法、对偶规划松弛法、代理松弛法一样,是一种常用的基于规划论的松弛方法。拉格朗日松弛算法是将造成问题难的约束吸收到目标函数中,并使目标函数仍保持线性,由此使问题较原问题容易求解。其基本步骤如下：

第一步：初始化各参数。设 k 为迭代次数，有 $k \leftarrow 1$，目标函数值上限 $UB \leftarrow +\infty$，目标函数值下限 $LB \leftarrow -\infty$，拉格朗日乘子初值 $\lambda_i^1 \leftarrow \bar{a} + \frac{1}{2}(a_i - \bar{a})$，$\forall i \in I$（$\bar{a}$ 为需求点人口平均值，a_i 为需求点 i 的人口数），初次迭代步长参数 $\alpha^k \leftarrow 2$。

第二步：求解拉格朗日松弛问题上限。寻找 p 个最小的 $V_j^k \leftarrow \sum_{i \in I} \max(0, a_i g_{ij} - \lambda_i^k)$，将与其标号相同的 y_j 值设为 1，$x_{ij} = \begin{cases} 1 & \text{如果 } y_j = 1, \text{并且} (a_i g_{ij} - \lambda_i^k) < 0 \\ 0 \end{cases}$，$\forall i \in I, j \in J$，求出 x_{ij}^k，并得到目标函数上限值 Z_U^k，其中 g_{ij} 是表示覆盖半径内需求满意差异的参数。

第三步：通过 $\varphi_i = \max_{j \in J^*}(a_i g_{ij})$，$\forall i \in I$，$J^* = \{j \mid y_j = 1\}$，找到问题的可行解，得到目标函数值的下限 Z_L^k。

第四步：更新目标函数值的上限 UB 和下限 LB。$UB \leftarrow \min(UB, Z_U^k)$；$LB \leftarrow \max(LB, Z_L^k)$。

第五步：更新步长参数 α^k，若 UB 连续 4 次迭代都没有改善，则令 $\alpha^k \leftarrow \alpha^k / 2$。

第六步：更新拉格朗日乘子。第 k 步长 t^k 公式为：

$$t^k = \frac{\alpha^k(Z_U^k - LB)}{\sum_{i \in I}\left(1 - \sum_{j \in J} x_{ij}^k\right)^2} \tag{1-8}$$

拉格朗日乘子公式为：

$$\lambda_i^{k+1} = \max\left\{0, \lambda_i^k - t\left(1 - \sum_{j \in J} x_{ij}^k\right)\right\}; \ \forall i \in I \tag{1-9}$$

通过上述两式更新拉格朗日乘子。

第七步：判断是否达到程序终止条件。如果下面四个条件任何一个成立则结束程序，输出结果。（1）$\sum_{j \in J} x_{ij}^k = 1, \forall i \in I$；（2）$UB - LB \leqslant 0.3$；（3）$t^k \leqslant 0.0001$；（4）$k = 400$。

第八步：更新迭代次数。$k \leftarrow k + 1$，转到第二步。

三、设施选址的人工智能算法

现化优化算法，主要包括传算法、蚁群算法、禁忌算法、模拟退火算法等，此类算法发展非常迅速，例如，1996 年奥斯曼（Osman）已经罗列了 1400 篇相关文章。

作为一种神奇的算法，蚁群算法（Ant Colony Optimization，ACO）首先被用于成功解决 TSP 问题（Dorigo、Maniezzo、Colorni，1996；Dorigo、Gambardella，1997），近年来，蚁群算法已被成功地应用于更为广阔的领域（Bullnheimer，1999；Liu，2002；Bo Huang 等，2006；Sivajothi、Naganathan，2008；Walkowiak，2005；Zecchin Nixon，2005）。

求解的基本步骤为：

第一步：$nc \leftarrow 0$（nc 指得是算法的迭代步数或搜索次数），各参数初始化。

第二步：设置每个蚂蚁对应各变量的初始组合；对计算每个蚂蚁对应变量组合的最小值；计算变量组合的差异；计算转移概率是否进行组合交换；若交换，则将组合 i 用 j 替代，增加 j 各变量的信息素。

第三步：计算各蚂蚁的目标函数值，记录当前最好解。

第四步：按更新方程修改轨迹强度，更新方程为：

$$\tau_i(next) = (1 - \rho)\tau_i(old) + \sum_{k=1}^{m} \nabla\tau_i^k \tag{1-10}$$

第五步：$\nabla \tau_i \leftarrow 0; nc \leftarrow nc + 1$。

第六步：若 nc 小于预定迭代次数且无退化行为，则转第二步。

第七步：求出当前最好解。

模拟退火算法（Simulated Annealing，SA）又称为模拟冷却法、统计冷却法、随机松弛法和概率爬山法等，是由柯克帕特里克、格拉特和维希（Kirkpatrick、Gelatt 和 Vecchi，1983）提出的一种随机优化算法，其出发点是基于物理中固体物质的降温退火过程与一般组合优化问题之间的相似性，模拟高温固体金属降温的热力学过程产生的。由于 SA 适用范围广，算法直观、简单，便于实现，是一种有效的全局优化方法。近年来模拟退火算法在优化领域得到广泛深入的研究和应用。

模拟退火算法需要三个参数：（1）起始温度 T_0；（2）每次迭代降低的温度因子 f；（3）总迭代次数 L。基本步骤如下：

第一步：随机选择 p 个设施点，构成集合 P，利用 Vogel 配置算法，配置各需求点，计算目标函数值 $F(P)$，作为当前最好解，设置初始点温度 $T = T_0$，迭代次数为 0。

第二步：在 P 中随机选一设施点 $j(j \in P)$，同时，选择一设施点 $j'(j' \notin P)$，移出 j，移入 j'，构成集合，定义为 P'。

第三步：通过前面设计的配置启发式算法，计算目标函数 $F(P')$ 的值。

第四步：$F(P') \geq F(P)$ 时，使 $P = P'$，接受本次移动，转至第六步。

第五步：如果 $F(P') < F(P)$，计算 $\delta = [F(P) - F(P')]/T$，如果有 $\delta \geq e^{-\delta}$，则接受移动，令 $P = P'$，转向第六步；如不接受移动，保持原

有 P ,转向第七步。

第六步:把当前解代入 $F(P')$,如有必要,更新最好解。

第七步:逐一增加迭代次数,用 T 乘以 f ,如果迭代次数超过 L ,迭代终止,以最好解作为算法的解,否则返回第二步。

遗传算法(genetic algorithm)是一种通过自然进化过程搜索最优解的方法。过去 30 年中,在解决复杂的全局优化问题方面,遗传算法在应用上取得了成功,并受到人们的广泛关注。遗传算法的基本步骤为:

第一步:输入参数 pop-size,交叉操作概率,变异概率。

第二步:通过初始过程产生 pop-size 个染色体。

第三步:对染色体进行交叉和变异操作。

第四步:计算所有染色体的评价函数。

第五步:根据某种抽样机制选择染色体。

第六步:直到满足终止条件。

第四节　共生理论

一、共生理论概述

"共生"首先作为生态学概念出现,由德国真菌学家德贝里(Antonde Bary,1879)提出,认为共生是指不同种属生物生活在一起(冷志明、易夫,2008)。之后,拓展至社科研究领域,现广泛应用于人类学、生态学、社会学、经济学、管理学甚至政治学领域。如日本学者黑川纪章(2001)50 多年来一直致力于"共生城市"的理论研究和实践探索,认为"共生城市"是基于"生命原理"的一种城市观和建筑观,涉及的重要概念有新陈代谢、循环、信息、生态学、可持续发展、共生（symbiosis）和遗传基因（gene）。

二、共生系统构成及分析框架

学者认为，共生系统主要包括共生单元、共生模式和共生环境三个维度。共生单元是构成共生体或共生关系的基本单位，在性质、特征、尺度等多个方面都表现出异质性。共生模式是指共生单元相互作用的方式和作用强度，是共生单元间物质、信息交流、能量互换关系的体现。共生环境指得是共生单元外所有因素的总体。共生系统的三个要素通过相互作用，相互影响反映出共生系统的动态特征。三个要素中，共生单元是基础，共生模式是关键，共生环境是条件。共生界面是共生系统三要素相互作用的媒介，是共生单元之间物质、信息和能量传导的媒介、通道或载体，是共生关系形成和发展的基础。涂文学（1998）在国外较早从对立与共生视角对中国近代城市文化的二元结构开展研究。共生关系按行为方式划分，可分为寄生关系、偏利关系、对称互惠共生关系和非对称共生互惠关系，而按组织化程度（组织模式）划分，它们又可被分为点共生、间歇共生、连续共生和一体化共生。不同的共生模式有着不同的模式特征，而且各种模式之间可以互相转化。共生系统的演化体现在两方面：一是由点共生向一体化共生方向进化，即点共生→间歇共生→连续共生→一体共生，表现为组织化程度逐渐提高；二是由寄生向对称互惠共生进化，即寄生→偏利共生→非对称互惠共生→对称互惠共生，表现为共生能量分配对称性提高（申秀英、卜华白，2006；朱晓峰、盛天祺、张卫，2020）。

第五节　BOWTIE 理论

一、BOWTIE 理论概述

BOWTIE 模型最早出现在澳大利亚昆士兰大学关于帝国化学工业公司危害分析的课程讲义,随后壳牌公司将其应用于阿尔法钻井平台爆炸灾难分析中,至今这一模型已被广泛应用到生产领域的安全管理和风险识别工作中。2016 年,在哥本哈根举行的 IATA 国际运行会议上,该模型作为民航安全管理和风险分析的有效工具,被重点推介。2016 年 6 月集团安委会正式通过英国民航局(CAA)及安全管理咨询公司 CROSS MANAGEMENT 引入此模型理念。BOWTIE 模型实质是一系列安全管理理论和模型的集合。

(一)奶酪 REASON 模型

REASON 模型是曼彻斯特大学教授詹姆斯・雷森(James Reason)在其著名的心理学专著《人为错误》(Human Error)一书中提出的概念模型,通过国际民航组织的推荐成为航空事故调查与分析的理论模型之一。REASON 模型的内在逻辑是:事故的发生不仅有一个事件本身的反应链,还同时存在一个被穿透的组织缺陷集,事故促发因素和组织各层次的缺陷(或安全风险)是长期存在的并不断自行演化的,但这些事故促因和组织缺陷并不一定造成不安全事件,当多个层次的组织缺陷在一个事故促发因子上同时或次第出现缺陷时,不安全事件就失去多层次的阻断屏障而发生了。

(二)CAPA 理论

CAPA(Corrective Action & Preventive Action)是 ISO 9001 推荐的一

种质量管理方法。对已出现的或潜在的不合格原因进行分析、采取必要的措施,防止不合格发生或再发生,以及在产品性能、过程能力、成本及服务等方面采取纠正/预防措施,从而不断提高产品/过程质量水平以达到令顾客满意的水平。

一是纠正措施,即组织应采取措施,以消除不合格的原因,防止不合格的再发生。纠正措施应与所遇到不合格的影响程度相适应,应编制形成文件的程序,以规定以下方面的要求:(1)评审不合格(包括顾客抱怨);(2)确定不合格的原因;(3)评价确保不合格不再发生的措施的需求;(4)确定和实施所需的措施;(5)记录所采取措施的结果;(6)评审所采取的纠正措施的有效性。

二是预防措施,即组织应确定措施,以消除潜在不合格的原因,防止不合格的发生。预防措施应与潜在问题的影响程度相适应,应编制形成文件的程序,以规定以下方面的要求:(1)确定潜在不合格及其原因;(2)评价防止不合格发生的措施的需求;(3)确定并实施所需的措施;(4)记录所采取措施的结果;(5)评审所采取的预防措施的有效性。

(三)ICAO 风险矩阵(RISK MATRIX)

用表 1.1 计算某一事件的风险程度,结合表 1.2 确定是否接受此风险。其中,风险指数的计算公式如下:

风险程度 = 可能性概率×后果严重度

表 1.1　风险程度计算指标

风险概率	风险严重性				
	灾难性的 A	有危险的 B	重大 C	较小 D	可忽略不计 E
频繁 5	5A	5B	5C	5D	5E

续表

风险概率	风险严重性				
	灾难性的 A	有危险的 B	重大 C	较小 D	可忽略不计 E
偶发 4	4A	4B	4C	4D	4E
少有 3	3A	3B	3C	3D	3E
不可能 2	2A	2B	2C	2D	2E
极不可能 1	1A	1B	1C	1D	1E

表 1.2　基于风险程度的建议标准

建议标准	评定风险指数	建议标准
不可容忍范围	5A、5B、5C 4A、4B、3A	现有情况下不可接受
可容忍范围	5D、5E、4C、4D 4E、3B、3C、3D、 2A、2B、2C	基于风险级解可接受 可能需要作出管理决定
可接受范围	3E、2D、2E、1A 1B、1C、1D、1E	可接受

二、BOWTIE 模型要素组成

完整的 BOWTIE 模型图包含八大要素:危险源(hazard)、风险事件(top event)、风险隐患(threat)、潜在结果(consequence)、预防措施屏障(barriers)、纠正措施屏障(barriers)、干扰因素(escalation)、干扰因素的措施屏障(barriers)。

(一)危险源

EASA 认为:"危险源是一种潜在可能造成人员伤亡、设备结构损伤、材料功能失能的条件、物体或活动。"BOWTIE 模型中危险源是这样确定的:(1)任何可能造成伤害或损失的来源,都是危险源。如雨雪天气运行、易燃物、在繁忙跑道上滑行。(2)危险源常伴随后果,但不意味着危险源就是后果,危险源的描述中不应包括后果。如起飞时飞机失控、明火或爆炸、飞机相撞。

(二)风险事件

在 BOWTIE 中,风险事件是伴随危险源次生出现的,每个风险事件都有对应的危险源,而每个危险源往往可能有多个风险事件伴随。BOWTIE 模型中风险事件如何确定:例如,危险源为雨雪天气运行,那么风险事件就可以描述为飞机机翼带冰雪起飞,或者飞机在湿滑跑道上起飞。风险事件是危险源具体状态+体量(规模)+发生时间+发生地点+发生可能性的综合。

风险事件可以描述的更为具体,取决于你制定 BOWTIE 的深度和维度。例如:(1)公司 B737 飞机在长治机场湿跑道条件下起飞。(2)新疆乌鲁木齐机场因雨雪天气关闭时间持续 2 小时。应注意的是风险事件的描述中同样是不包含事件后果的。

(三)风险隐患

风险隐患也叫威胁,是通过产生风险事件从而导致危险源出现的原因或可能性。BOWTIE 模型中应这样描述风险隐患:(1)风险隐患的描述要直接。(2)每一个风险隐患都必须对应一个后果(但多个风险隐患可以对应同一个后果)。(3)每一个风险隐患是独立存在的,不存在两个风险隐患相互干扰、影响。(4)在描述风险隐患时可以从人、机、料、法、环等方面逐一考虑和划分。

（四）潜在结果

潜在结果,是风险事件发生后所可能产生的结果。BOWTIE 模型中应这样描述风险隐患:(1)潜在结果只是结果事件,而不是事件造成的后续人员伤亡、物体损伤等。例如,飞机失去控制、航班备降和返航、冲出跑道、飞机相撞。(2)每一个潜在结果都必须至少对应一个风险隐患。

（五）预防措施屏障

在 BOWTIE 中,预防措施根据措施的实施阶段和程度不同,大体可细分为两种:(1)清除性措施(elimination),即通过落实此措施,可直接避免隐患发生。(2)预防性措施(prevention),即通过落实此措施,在隐患出现后可避免风险事件发生。

（六）纠正措施屏障

在 BOWTIE 中,纠正措施根据措施的实施阶段和程度不同,大体可细分为两种:(1)减少性措施(reduction),即通过落实此措施,在风险事件发生后可减少潜在后果发生的可能性。(2)止损性措施(mitigation),即通过落实此措施,在潜在后果出现后,减少后果带来的损失。

（七）干扰因素

干扰因素是可能造成措施屏障失效的因素或者事件。BOWTIE 模型中这样描述干扰因素:(1)制定一个 BOWTIE 时,往往要考虑措施屏障的有效性,一旦评估一个措施屏障为失效时,就要考虑其失效的原因,而这就是干扰因素。(2)干扰因素的引入是 BOWTIE 运用 PDCA 闭环管理的一个重要体现,BOWTIE 的制定者可以根据需要,对每个预防和措施屏障进行干扰因素的分析,当然也可以仅针对某个或某些有效性较低的措施进行干扰因素分析,从而再针对干扰因素制定专门的措施屏障,最终达成闭环管控。

(八)干扰因素的措施屏障

干扰因素的措施屏障,原理与预防和纠正措施屏障相同,此处不再赘述。(1)清除性措施,即通过落实此措施,可直接避免隐患发生。(2)预防性措施,即通过落实此措施,在隐患出现后可避免风险事件发生。(3)减少性措施,即通过落实此措施,在风险事件发生后可减少潜在后果发生的可能性。(4)止损性措施,即通过落实此措施,在潜在后果出现后,减少后果带来的损失。

综上,完成一个BOWTIE,可以分为以下几步(如图1.1所示):

第一步,确定一个危险源和相应的风险事件。

第二步,确定该风险事件的风险隐患和潜在后果。

第三步,确定风险隐患的措施屏障以及潜在后果的措施屏障。

第四步,确定措施屏障的干扰因素。

第五步,确定干扰因素的措施屏障并最终生成一个BOWTIE。

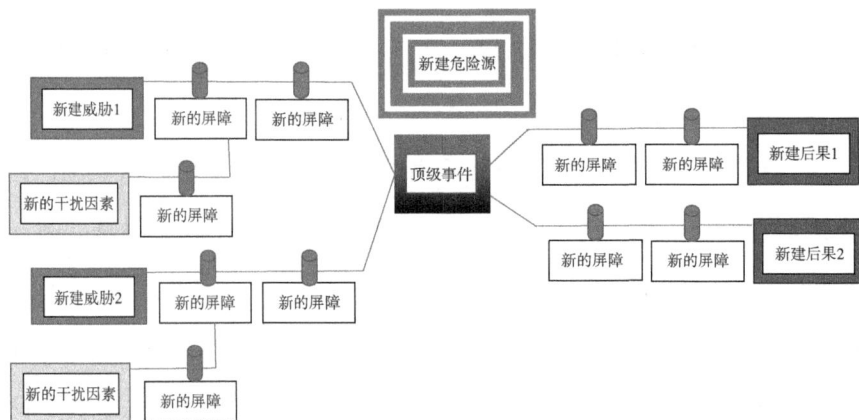

图1.1 BOWTIE模型构建示意图

第六节　复杂系统脆性理论

一、复杂系统的脆性理论概述

脆性在字典中被定义为："当某物体受到拉力或冲击作用时，表现出的容易破碎的性质"，"材料在发生断裂前所表现的，未使人觉察到的塑性变形的性质即为脆性"。韦琦等（2003）将其含义引申为，某特定系统在受到外界的打冲击时所表现出来的容易崩溃的性质；并首次明确提出并阐述了脆性是复杂系统的所固有的、隐性的基本特性征之一，认为脆性是复杂系统在形成和发展壮大过程中所固有的，隐性的，需要努力不懈地从宏观和微观视角去进一步认识的特征。因此，对于某系统而言，无论是在系统设计之初，还是在系统发展壮大过程之中，评价与分析该系统的脆性都极为必要，可以避免给系统造成不必要的损失；脆性理论认为，系统在受到外界冲击而崩溃之前，并不会表现出任何明显的征兆，脆性理论就是研究系统在内、外多种损害冲击因素的作用下，其本身整体性功能严重恶化的程度，展开相关研究以便使系统避免崩溃的可能，并使系统恢复最初的优良设计品质成果的理论。本书中脆性理论主要用于城市地下空间安全系统风险分析。

韦琦等（2003）将复杂系统的脆性界定为：由于复杂系统受到系统内部或者外部环境干扰因素的冲击作用，而致使该系统中的某个部分（或者子系统）产生崩溃状态，而且由此进一步使该系统其他部分（或者子系统）直接或者间接遭受到相关影响，进而引发崩溃连锁反应，最终导致复杂系统整体崩溃的特性，称为脆性。韦琦等（2003）进一步指出,脆性是复杂系统的基本特性之一,并随着复杂系统自身的演化而发生相应的演化。就某个开放的复杂系统而言,当其内部某个要素(或子系统)受到一定程度的内外干扰冲击作用时,会破坏复杂系统子系统原来具有的有序结构与状态,进而使之结构产生一种新的无序状态。如果冲击结果使复杂系统原子系统失去所有的正常结构与功能,此时则称该子系统为崩溃状态。而且,由于该子系统会与复杂系统内部其他的子系统存在物质、能量或信息交换,因此该子系统的崩溃会导致其他与其进行物质、能量或信息交换的子系统的有序结构与状态遭到破坏,使这些子系统失去原有正常运行功能而产生崩溃。最后,伴随关键子系统崩溃数量的不断增多和崩溃层次的不断扩大,最终致使整个复杂系统形成崩溃。就一个封闭的复杂系统而言,由于该系统本身并不存在与外界环境的物质、能量或信息的交换,依据耗散理论原理可知,该系统并非一个自组织系统,进一步由热力学第二定律原理可知,该系统在自身演化过程中,会不断趋于无序状态。由于该复杂系统不能得到系统外的物质、能量或信息补充,最终也会产生崩溃状态。特别是当该复杂系统的某个子系统遭到内外冲击时,其系统脆性被激发,致使整个复杂系统产生崩溃状态。

二、复杂系统脆性的数学模型

依据韦琦等(2003)提出的脆性理论,设某复杂系统子系统主要功能的关键影响状态向量为:$x(t) = \{x_1(t), x_2(t), \cdots, x_n(t)\}$,其中,$x_i(t)$指代复杂系统第$i$个子系统的$t$时刻状态向量。当复杂系统正常运行时,使集合$K \subset R^n$,$\forall \parallel x_i(t) \parallel_2 \in K, 1 < i < n, n \in N, \forall t \geqslant 0$成立,当复杂系统规模与层次不断增加时,需要引入更多的子系统状态向

量来描述该复杂系统。若 $\exists n_0 \in N$，当 $n > n_0$ 时，存在干扰 $r(t)$ 作用于复杂系统，使其内部某一子系统表现为 $\| x_i(t) \|_2 \notin K$，存在某 t_0 时刻，使另一个子系统表现为 $\| x_j(t) \|_2 \notin K, j \neq i, 1 < j < n$，则称为复杂系统的脆性被激发。复杂系统脆性被激发时，存在 $t > t_0 + T$ 时，式中，T 为延迟的时间。对于复杂系统，其内部一般存在影响其主要功能的关键子系统，当该关键子系统崩溃导致整个复杂系统崩溃的情形，则称为整个复杂系统因为脆性而崩溃。

脆性作为复杂系统本身固有的基本特性之一，将会一直伴随复杂系统而表现出其特征，并且不会因为系统的演化或系统外部环境的变动而消失。为此，可以给出以下定义，如图 1.2 所示。

脆性源　　　　　　　　脆性接收者

图 1.2　脆性源与脆性接收者的关系

脆性源：由于内部和外部干扰，复杂系统中的首先崩溃部分（又称为子系统）称为脆性源。即由于此子系统崩溃导致复杂系统内部其他部分（子系统）产生崩溃，因此复杂系统首先崩溃部分（子系统）被称为脆性源。

脆性接收者：复杂系统内部因受到首先崩溃部分（子系统）的影响而产生崩溃状态的部分（子系统）被称为脆性接收者。需要指出的是，对复杂系统的脆性被激发而言，脆性源与脆性接收者并不存在唯一性。

另外，就复杂系统脆性表现形式类型而言，当一个复杂系统受到外来冲击，其有序状态被破坏时，表现形式会多种多样，或者导致系统某种功能（或特性）丧失，或者系统结构发生突变，等等。因此，建立普适性很强的，适用于所有复杂系统的脆性模型是非常难的，构建复杂系统脆性模型,只能面向不同的系统崩溃形式而展开不同分析。

下面只对脆性进行基本的描述,并不具体考虑复杂系统整体特征。

对于特定复杂系统 L_{ss},若其内部存在子系统 C_{si},当复杂系统受到系统外在的强烈冲击(除了传统物理上的外力外,也包括物质流、能量、信息等因素)时,会致使复杂系统丧失其原有的有序结构或状态,我们称此种复杂系统的结构或状态丧失为"崩溃";由于复杂系统内部各子系统 C_{ss} 之间会存在耦合作用或联系,某子系统 C_{si} 的崩溃会对复杂系统的其他子系统产生影响而使其崩溃,从而导致整个复杂系统崩溃,此时称复杂系统 L_{ss} 所表现出的特性为"脆性"; C_{si} 被称为"脆性源"。

对任意复杂系统内部任一个子系统 C_{si},其自治方程式为:

$$C_{si}: X_i = f_i(X, t) \tag{1-11}$$

对于给定的有序指标集 J,不同情况 J 会有不同的取值。考虑某一时刻 T,复杂系统内某子系统的遭受突然冲击量为 φ,使该自治方程会产生一定的变化为 $\varphi\{f[x(T)]\} \in J$,且对于任意的状态变量 $x \in U_\delta[x(T)]$ 有冲击结果 $\varphi[f(x)] \notin J$,则称此时的子系统 C_{si} 处于崩溃边界。继之,如果对于任意给定的 $\Delta > 0$,有 $t > T + \Delta$ 时,子系统 C_{si} 产生崩溃,则称子系统 C_{si} 在冲击算子 φ 冲击下产生崩溃,φ 即为冲击算子。

对于复杂系统的另一个子系统 C_{sj} 有:

$$C_{sj}: X_j = f_j(x, t) + g_{sj}(x, t) \tag{1-12}$$

其中,令 $g_{sj}(x, t)$ 为关联项,表示子系统 C_{sj} 与复杂系统内部其他子系统之间的脆性关系。取 $\|g_{sj}(x, t)\|_2$ 表示关联项中的物质、能量或者信息,其取值大小直接体现复杂系统子系统之间所产生脆性作用的

强弱。

对于给定的某复杂系统 L_{ss},如果某子系统 C_{si} 在冲击算子 φ 作用下产生崩溃,同时子系统 C_{sj} 的关联项 $g_{sj}(x,t)$ 在外在冲击下的二范数有:

$$\lim_{\substack{t\to\infty \\ \|x\|\to\infty}} \|g_{sj}(x,t)\|_2 \to 0 \tag{1-13}$$

就式(1-13)而言,C_{si} 即为脆性源,而 C_{sj} 则为脆性接收者。

对任意给定的 $\varepsilon > 0$,当存在时间 T 和有 $\delta > 0$ 时,可使 $t > T$ 时,对于任意满足条件 $\|x(t)\| < \delta$ 时,x 有:

$$\|g_{sj}(x,t)\|_2 < \varepsilon \tag{1-14}$$

则式(1-14)中可称 C_{si} 为脆性源,子系统 C_{sj} 则称为脆性接收者。

对于整个复杂系统内部任意子系统间都存在冲击算子 φ,则称该复杂系统 L_{ss} 具有脆性 $\dot{X} = f_1(X,t)$。

若复杂系统在某一时刻存在冲击算子 φ,使 $\dot{X} = \varphi[f(X,t)]$ 产生混沌状态,则称该复杂系统 C_1 在 φ 冲击下发生崩溃。

若对于复杂系统 C_1、C_2,有 $\dot{X} = f_i(X,t)$,$i = 1,2$;且有可逆关联算子 φ,可使 $f_2(X,t) = \varphi[f_1(X,t)]$。

于是,当复杂系统 C_1 在 φ 冲击下发生崩溃时,如果有 $\varphi^{-1}f_1(X,t)$ 产生混沌状态,则此时子系统 C_2 也会发生崩溃;则称子系统 C_1 为脆性源,而子系统 C_2 为脆性接收者。

对于一个复杂系统,如果其内部任意两个子系统间都可找到冲击算子 φ,则称此复杂系统具有脆性。

第七节　韧性理论

一、韧性理论概述

"韧性"一词源于拉丁语"resilio",本意指"返回至原始状态"。韧性思想最初用来表征生态系统的稳定状态,经历生态韧性、工程韧性、社会—生态系统(Social-ecological Systems,SESs)韧性等阶段。加拿大学者霍特林(Holling)提出的"层次结构、混沌性、适应性循环"韧性理论,为城市韧性理论奠定了思想基础。

2002年倡导地区可持续发展国际理事会(ICLEI)学者在城市与防灾研究中提出"韧性城市"的思想,掀起城市韧性研究热潮。2005年的《兵库宣言》把"韧性"纳入灾害讨论的重点。2013年洛克菲洛基金会启动了旨在提升城市韧性的"全球100韧性城市"项目。2016年《新城市议程》把"城市的生态与韧性"作为新城市议程的核心内容之一。近年来,北京、上海等城市的总体规划中,纷纷强调"加强城市应对灾害的能力和提高城市韧性",浙江大学则成立了韧性城市研究中心。城市韧性已成为城市防灾减灾、可持续性、人与环境相互作用、人地系统耦合机理等方面的研究热点(赵瑞东、方创琳、刘海猛,2020)。城市韧性评价指标的选取需要遵循城市韧性思想、可比较、典型性和可行性四项原则,可以划分为气候灾害韧性、基础设施韧性、社区韧性、组织韧性和经济韧性等维度。城市韧性理论为推动城市风险治理提供了新政策和重要的行动指南(周利敏,2016)。

二、基于韧性理论的城市风险治理范式

基于韧性理论的城市风险治理应构建起"宏观搭台—中观定标—微观落地"的多谱系分层应对方略,形成上下联动、统一指挥、综合协调的分层治理韧性(肖文涛、王鹭,2020)。

(一)宏观层面构建韧性城市安全框架

从宏观着眼,基于总体国家安全观做好统一领导、分类管理、综合协调、分级负责、属地管理等顶层设计,以信息化为抓手推动源头治理、动态管理、应急处置应急管理体系构建。要完善韧性城市安全框架落地的权责边界、央地分工、跨域协作、军地联动等法律保障,制定信息报告和通报等制度,明确应急资源调用的适用情形,确保有章可循、有法可依。

(二)中观层面设计城市韧性评价指标

借鉴国外城市韧性指标评价方法与标准,考虑中国城市发展特征,设计完成符合我国国情的本土化城市韧性评价指标体系,以"成本+能力+能效"作为依据,基于能力—过程—目标三维度划定城市韧性基线,通过韧性指数(RI)、韧性矩阵框架(RM)等定量评估的方式,识别城市韧性的薄弱要素,判断城市韧性度,构建城市韧性评价体系,提出韧性建设方法,对我国的城市韧性度展开规模化评测,明确我国韧性城市的发展方向、演化路径和转型范式。

(三)微观上推动公共服务协力互补

城市公共服务常呈现出脆弱性和易损性特征,需要政府、社会组织和市场力量的共同介入,以确保公共服务的可持续性。可通过盘活民间资本、引入灾害保险机制,拓宽保险覆盖面,建立应急救援队伍等来

保证微观上公共服务效率的提升。

小　　结

城市应急物资储备库网络优化问题属于最优化问题的范畴。最优化问题习惯上分为两大类,一类是连续变量的问题;另一类是离散变量的问题。本书属于后者范畴。本章主要对选址相关理论中组合优化理论、问题与算法的基本观点进行介绍;模型介绍中主要对设施选址理论的基本模型即集合覆盖模型、最大覆盖模型、中位模型、中心模型进行了介绍;设施选址问题的算法介绍中,重点介绍启发式算法中的贪婪启发式算法、拉格朗日松弛算法,人工智能算法中的蚁群优化算法、模拟退火算法等。

第二章　城市已有应急物资储备库网络优化模型与实证研究

有效配置应急资源、合理布局应急物资储备库是提高我国从中央到地方各级政府应急物资保障能力的重要战略决策。立足于解决城市应急公共服务体系中应急物资储备库与应急物资需求点最优空间联系问题，基于设施选址理论，以创造应急物资需求点民众总体满意程度最大为目标，构建了考虑交通方式、需求点风险程度的城市已有应急物资储备库网络优化模型。把所建模型应用于河北省石家庄市，得出其最优服务区、县(市)与服务半径，并提出相关优化建议。

第一节　城市已有应急物资储备研究进展

20 世纪 70 年代以来，国际社会极其关注以提高城市安全度为目标的重大灾害应急管理体系的建设。几乎所有重大突发事件的处置，都伴随着大量的应急物资供应活动，有效的应急系统可将事故损失降低到无应急系统的 60%(吴宗之和刘茂，2003)。自 1998 年建立国家级应急物资储备制度起，我国现已在 20 个省会城市设立了国家级应急物资储备库，但总体上仍无法适应新时期备灾、救灾的要求。《国家综合减灾"十二五"规划》明确指出,必须新建、改建和扩建一批符合标准的应急物资储备库。《国家综合减灾"十三五"规划》《国家自然灾害救助应急预案》都明确指出,我国当前的应急物资保障仍不能满足当前突发事件需要,要建成中央、省、市、县、乡五级救灾物资储备体系,确保自然灾害发生 12 小时之内受灾人员基本生活得到有效救助。

河北粮食与物资储备局是受中华人民共和国国家发展和改革委员会国家物资储备局垂直领导,同时受河北省委省政府领导。主要职责之一就是协调地方政府和国家应急储备物资管理工作,做好国家或本地区发生突发事件的物资保障工作。现有 12 个直属处,在石家庄市域内有 3 个,分别为:一三三处、一三五处、一五零处。

为了降低救灾(备灾)物资调度的运行费用,提高工作效率,要充分考虑应急物资储备库的合理布局,正确地选择其地理位置。对应急物资储备库空间组织问题进行研究,为突发事件处置提供必要的物质基础是战略决策问题,本质上决定着整个应急公共服务体系的成效。

设施选址问题(Facility Location Problem,FLP)是关于人类活动空间组织、资源优化的学问,是管理科学、产业经济学、数学关注的重要研究领域之一,对医疗、消防、工商业等各方面而言,都极为重要(Revelle、Eiselt,2005;ReVelle、Eiselt、Daskin,2008;Goldberg,2004)。国外设施选址研究文献较经典的有:弗朗西斯、麦克金斯、怀特(1983)对1983 年以前的有关选址问题的模型进行了验证、总结,并提出了相应的算法。布兰德(Brandeau,1989)对等级选址问题进行了分类综述。德雷兹纳、哈马克(2002)对 2002 年以前的设施选址理论进行了系统的归纳。法拉哈尼、希克马特法尔(2009)则对 2002—2009 年的设施选址理论进行了系统梳理与总结。国内方面,陆相林、侯云先(2010;2011)对国内外最新设施选址理论进行了概述,在此基础上提出了考虑覆盖半径内需求满意差异的选址问题。当前,设施选址研究主要集中于模型构建、算法设计与空间决策支持三个方向,主要应用于物流规划、应急设施选址等方面,与应急物资储备库空间组织与优化相结合的成果较少。

本书旨在实现城市区域内已有应急物资储备库整体物资调度服务的最优化,将建立体现已有应急物资储备库网络优化本质的数学模型,完成算法设计,并以石家庄市为实证区域,解决其已有应急物资储备库网络优化问题。

第二节　优化模型构建

城市已有应急物资储备库网络优化涉及两类站点,一类为应急物资需求站点,另一类为应急物资储备库。应急物资储备库为应急物资需求站点的人们提供应急物资。"已有应急物资储备库网络优化"是指城市中已经存在应急物资储备库的情景下,通过建立优化模型,确定各应急物资储备库服务的具体需求点以及服务半径,实现各应急物资储备库对各应急物资需求点服务的最优化的过程。

实现城市区域内已有应急物资储备库整体物资调度服务的最优化,响应速度是其中必须考虑的重要因素,因此,可采用距离或者时间来表示应急物资储备库、应急物资需求点之间的空间联系紧密程度,为了简化分析且不失一般性,本书仅以距离为例进行分析。

一、基本假设

(1)应急物资需求点、应急物资储备库以点状存在。(2)应急物资储备库与应急物资需求点之间以航空、公路、铁路等交通方式联通(本书只考虑公路方式)。(3)应急物资储备库和应急物资需求点之间的距离可通过调查或者计算得到。(4)为了保证应急求救助效率和反映应急管理实际,假设各需求点总是得到离其最近的应急物资储备库的服务。(5)只考虑一个需求点最多只能被一个应急物资储备库提供服务的情况。(6)由于应急物资储备库建设与维护成本较高,故个数要有限制,设为 p 个。

二、符号定义

为了便于讨论分析,进行如下的符号定义:

i 代表应急物资需求点;I 表示应急物资需求点的全体;j 代表应急物资储备库;J 表示应急物资储备库的全体;p 为实际可选择建立的应急物资储备库数;a_i 表示应急物资需求点 i 的人口数量;k 指代某种交通方式,K 为应急物资采取的交通方式全集,有 $k \in K$(本书实证时只取公路交通一种方式,即 $k = 1$);d_{ijk} 为应急物资被采取 k 种交通方式运输时,应急物资储备库 i 至应急物资需求点 j 的距离;h_i 是表达需求点 i 应急物资需求紧急程度的参数,取值为 $[0,1]$(本书实证时不考虑 h_i 的差异,即假定 $h_i = 1$);g_{ijk} 为应急物资由应急物资储备库 j 至应急物资需求点 i 时,采取 k 种交通方式时所实现的应急需求点人们满意程度差异的参数,本书主要考虑距离因素和交通方式的影响,因此有:

$$
\begin{aligned}
g_{ijk} &= 1 - \frac{d_{ijk} - \min\{d_{ijk}\}}{\max\{d_{ijk}\} - \min\{d_{ijk}\}} \\
&= \frac{\max\{d_{ijk}\} - d_{ijk}}{\max\{d_{ijk}\}}
\end{aligned}
\tag{2-1}
$$

x_{ijk} 为 0-1 变量,应急物资采取 k 种交通方式运输时,如果应急物资需求点 i 被应急物资储备库 j 提供服务,则取 1 值;否则,取 0 值。y_{jk} 指 0-1 变量,应急物资采取 k 种交通方式运输时,如果应急物资储备库 j 被选择进行设施建设,则取 1 值;否则,取 0 值。

三、网络优化模型

$$\max \sum_{i \in I} \sum_{j \in J} \sum_{k \in K} a_i h_i g_{ijk} x_{ijk} \tag{2-2}$$

s.t.

$$x_{ijk} \leqslant y_{jk}; \forall i,j,k \tag{2-3}$$

$$\sum_{j \in J} \sum_{k \in K} x_{ijk} \leqslant 1; \forall i \tag{2-4}$$

$$\sum_{j \in J} \sum_{k \in K} y_{jk} = p; \forall k \tag{2-5}$$

$$x_{ijk} = 0,1; y_{jk} = 0,1; \forall i,j,k \tag{2-6}$$

其中,目标函数式(2-2)使被服务的应急物资需求点的总满意程度最大;g_{ijk} 用来表示第 k 类交通方式时第 i 个应急物资需求点接受第 j 个应急物资储备库服务时的满意程度,取值范围为 $[0,1]$,本书主要考虑距离因素和交通方式对 g_{ijk} 的影响。式(2-3)保证只有应急物资储备库 j 在 k 种交通方式下服务于应急物资需求点 i 时,才有 $x_{ijk} = 1$,否则,$x_{ijk} = 0$。式(2-4)强化应急物资储备库的服务效率,保证每一个应急物资需求点最多只可由一个应急物资储备库提供服务,消除各应急物资储备库间的重复服务问题。式(2-5)指将要建设的应急物资储备库个数。式(2-6)限制决策变量 x_{ijk} 和 y_{jk} 为 0-1 整数变量。

由于本书考虑已有应急物资储备库的网络优化,有 $y_{jk} = 1; \forall j,k$。因此,式(2-3)变为:

$$x_{ijk} \leqslant 1; \forall i,j,k \tag{2-7}$$

式(2-6)变为:

$$x_{ijk} = 0,1; y_{jk} = 1; \forall i,j,k \tag{2-8}$$

因此,得到本书的已有应急物资储备库网络优化模型:

$$\max \sum_{i \in I} \sum_{j \in J} \sum_{k \in K} a_i h_i g_{ijk} x_{ijk} \tag{2-9}$$

s.t.

$$x_{ijk} \leqslant 1; \forall i,j,k$$

$$\sum_{j \in J} \sum_{k \in K} x_{ijk} \leqslant 1; \forall i$$

$$\sum_{j \in J} \sum_{k \in K} y_{jk} = p; \forall k$$

$$x_{ijk} = 0,1; y_{jk} = 1; \forall i,j,k$$

四、算法分析

本书所建模型属于最大覆盖问题,是 NP-hard 问题。对于大型的此类问题的求解,精确算法以及一般的商业优化软件无能为力,只能借助于启发式或近似算法,以及人工智能等算法(如蚁群算法)来求得其近似解。

如前符号定义中所述,本书只考虑公路一种交通方式,有 $k = 1$,且不考虑石家庄市各区县应急物资需求的紧急程度差异,因此可令 $h_i = 1$。

由于本书网络优化问题中,应急物资储备库已经确定,即对于任意应急物资储备库 j,都有 $y_{jk} = 1$。模型求解的任务是确定 x_{ijk} 的值。基于上述特点,笔者提出以下启发式算法求解思路:

第一步:初始化各参数。对 a_i、h_i、k 赋值,根据所测得的需求点至应急物资储备库距离矩阵,利用式(2-10)求得 g_{ijk} 值。

$$g_{ijk} = 1 - \frac{d_{ijk} - \min\{d_{ijk}\}}{\max\{d_{ijk}\} - \min\{d_{ijk}\}}$$

$$= \frac{\max\{d_{ijk}\} - d_{ijk}}{\max\{d_{ijk}\}} \tag{2-10}$$

第二步:对任一需求点 i,计算其被各应急物资储备库服务时的各 $a_i h_i g_{ijk}$ 值,比较各应急物资储备库对应的 $a_i h_i g_{ijk}$ 值,取其最大者对应应急物资储备库(设为 j),并验证约束条件式,如满足,则令 $x_{ijk} = 1$,如不满足,则取 $a_i h_i g_{ijk}$ 为第二大的应急物资储备库(设为 j')。再次验证约束条件,如满足,则令 $x_{ij'k} = 1$,其他 $x_{ijk} = 0$;如不满足,则以此类推。

第三步:重复第二步,直至所有的需求点都完成第二步。

第四步:根据所得到的 x_{ijk} 的值,确定各应急物资储备库服务的需求点,并确定各应急物资储备库的服务半径,得到本节的已有应急物资储备库网络优化结果。

第三节　实证检验

一、网络优化实证区概况

石家庄市现辖 8 个区、13 个县(市),总面积 1.58 万平方千米,2019 年末常住人口 1039.42 万人,其中,市区面积 2206 平方千米,人口 469.55 万人。石家庄市辖的 8 区、13 县(市)分别为:新华区、桥西区、长安区、裕华区、井陉矿区、藁城区、鹿泉区、栾城区、晋州市、新乐市、正定县、深泽县、无极县、赵县、高邑县、元氏县、赞皇县、井陉县、平山县、灵寿县、行唐县和1个高新技术开发区。共有镇119个、乡82个、办事处60个、行政村3943个、居委会731个。2011年,石家庄市提出在2—3年时间内完成市、县两级救灾物资储备库建设和改造任务,形成以市救灾物资储备库为中心,以县级储备库为配套,以社区(乡、镇、街道)爱心超市或捐赠站(点)为补充的全市救灾物资储备机制。

二、网络优化依据

基于第二节所构建的网络优化模型(2-2)至模型(2-8)和所设计的启发式算法,对石家庄市现有应急物资储备库进行优化配置。石家庄市各区县代表应急物资需求点,应急物资储备库与需求点之间距离用公路交通距离表示,数据根据我要地图网网站的测距功能测得,篇幅所限,具体数据略。我要地图网站由北京灵图软件公司所创建,功能与谷歌地图、百度地图功能类似,但设计上更适合于各被调查点之间距离的查询。

三、网络优化结果

根据相关调查数据,利用 Matlab2014a 编写算法程序,在 PC 机 Windows 10.0 环境下运行通过,求得如下结果(见表2.1)。

表2.1中第1列列出的是石家庄市现有的3个应急物资储备库,分别为石家庄市区一三三处、石家庄市区一三五处、石家庄井陉县一五零处。

表 2.1　石家庄市现有 3 个应急物资储备库网络优化结果

石家庄市现有应急物资储备库分布	网络优化布局结果[服务区、县(市)]	服务半径/最远服务区、县(市)
石家庄市区一三三处	行唐县、灵寿县、平山县、鹿泉区	52.1 千米/行唐县
石家庄市区一三五处	长安区、桥西区、新华区、裕华区、正定县、栾城区、高邑县、深泽县、赞皇县、无极县、元氏县、赵县、辛集市、藁城区、晋州市、新乐市	74.8 千米/深泽县
石家庄井陉县一五零处	井陉县、井陉矿区	11.1 千米/井陉矿区

　　由表 2.1 第 2 列可以得出,石家庄市区一三三处服务范围内的区、县(市)为行唐县、灵寿县、平山县、鹿泉区;石家庄市区一三五处服务范围内的区、县(市)为长安区、桥西区、新华区、裕华区、正定县、栾城区、高邑县、深泽县、赞皇县、无极县、元氏县、赵县、辛集市、藁城区、晋州市、新乐市;石家庄井陉县一五零处服务范围内的区、县(市)为井陉县、井陉矿区。

　　由表 2.1 第 3 列显示石家庄市 3 个现有应急物资储备库的服务半径与最远服务区、县(市):石家庄市区一三三处的服务半径为 52.1 千米,最远服务区、县(市)为行唐县;石家庄市区一三五处的服务半径为 74.8 千米,最远服务区、县(市)为深泽县;石家庄井陉县一五零处服务半径为 11.1 千米,最远服务区、县(市)为井陉矿区。

四、网络优化结果分析

　　基于表 2.1,结合原始数据和上述分析,可知:(1)通过本章提出的网络优化模型,对各应急物资储备库功能加以优化,实现了以各应急物资储备库——区、县(市)有机结合的组团结构,但区域结构明显不均衡,突出表现为石家庄市区一三五处的服务负担过重,承担了石家庄市 22 个区、县(市)单位中的 17 个,占总数的 77%。(2)3 个应急物资储备库在石家庄市的空间分布过于集中,都集中于距石家庄市中心 40 千米(公路距离)以内的区域,鹿泉市一三三处至石家庄市中心的距离为 16.0 千米,石家庄一三五处至石家庄市中心的距离为 5.7 千米,井陉县一五零处至石家庄市中心的距离为 39 千米。

五、城市已有应急物资储备库网络优化相关建议

第一,石家庄市现有 3 个应急物资储备库中,建议应加强对石家庄市区一三五处的重点建设,石家庄市应采取多项措施与之沟通、协作,实现重大突发事件下的有效联动。由表 2.1 可知,上述石家庄市区一三五处需要服务的区、县(市)数目较多(达 17 个),重大突发事件下可能产生的物资供应任务繁重。石家庄市应从救助车辆数量、类别,交通联系,专业人员配置和建设资金等方面给予支持与合作。

第二,建议石家庄市应适当扩建、设立远离市区镇的应急物资储备库,以进一步优化应急物资供应功能。如前所述,石家庄市 3 个应急物资储备库在石家庄市的空间分布过于集中,都集中于距石家庄市中心 40 千米(公路距离)以内的区域,以致各偏远区、县(远离现有应急物资储备库的区、县)应急物资需求有可能得不到及时供应。如石家庄市区一三五处至深泽县的服务半径为 74.8 千米,至辛集市的服务半径为 69.2 千米。此外,考虑到平山县县域面积较大,且其县政府距下辖村镇仍有一段距离,且路况较差,因此,建议石家庄市除了已有的 3 个应急物资储备库外,需至少新增深泽县、辛集市、平山县 3 个应急物资储备库。

第三,石家庄市应急物资储备库的相关配套设施建设与活动开展要加强。与石家庄市应急物资储备库联系的交通设施应加强,保证至少有市级公路相通。应以石家庄市为中心,建立市级、县级应急物资储备服务体系,并开展体系的交流、协作,做到重大突发事件中的高效合作、互助。

小　　结

本章立足于解决城市应急公共服务体系中应急物资储备库与应急物资需求点最优空间联系问题,基于设施选址理论,以创造应急物资需求点民众总体满意程度最大为目标,构建了考虑交通方式、需求点风险程度的城市已有应急物资储备库网络优化模型。把所建模型应用于石家庄市,得出其最优服务区、县(市)与服务半径,并提出相关建议,解决了城市应急公共服务体系中应急物资储备库与应急物资需求点最优空间联系问题。把所建模型应用于石家庄市3处已有应急物资储备库的网络优化,得出了较为合理的结果。进一步的研究可以考虑:考虑公平准则下(又称"公共服务均等化")的应急物资储备库布局优化问题;城市避难场所、防火设施的网络优化问题。

第三章　考虑拥挤情景的城市已有应急物资储备库网络优化模型与实证研究

针对我国城市应急物资储备库网络优化定量分析成果较少的现实,提出考虑拥挤情景的城市已有应急物资储备库网络优化问题。在考虑覆盖半径内需求满意差异的同时,构建了拥挤情景下的城市应急物资储备库网络优化模型,并设计启发式算法求解。以河北省石家庄市已有应急物资储备库为例进行实证。最后,提出了进一步拓展研究的方向。

第一节　城市应急物资供应活动中拥挤情景

几乎所有重大突发事件的处置,都伴随着大量的应急物资供应活动,有效的应急系统可将事故损失降低到无应急系统的60%。《国家综合减灾"十二五"规划》明确指出,必须新建、改建和扩建一批符合标准的应急物资储备库。为了降低救灾(备灾)物资调度的运行费用,提高工作效率,要充分考虑应急物资储备库的合理布局,正确地选择其地理位置。对应急物资储备库空间组织问题进行研究,为突发事件处置提供必要的物质基础是战略决策问题,本质上决定着整个应急公共服务体系的成效。

拥挤(congested)情景在重大突发事件中时常出现。学者常利用排队理论对拥挤情景加以描述,进行定量分析。拉尔森(1974)首先利用排队论研究了选址问题中的拥挤情景。塞万迪和墨桥(2006)构建了一个关于拥挤系统的模糊最大覆盖选址模型。马尔诺夫、玻菲和格莱沃(2009)则基于 M/Er/m/N 排队模型研究了设施选址的拥挤问题。国内方面,常玉林、王炜(2000)从 M/G/1 角度对城市应急设施选址问题进行了初步的研究。本章将在陆相林等(2011)基础上,进一步考虑拥挤情景,建立考虑拥挤情景的城市已有应急物资储备库网络优化模型,并应用于河北省石家庄市应急物资储备库,希望成果能为我国应急管理工作的科学化提供一定的理论支撑。

第二节 考虑拥挤情景的模型设定

本章研究是对第二章城市已有应急物资储备库网络优化问题的进一步拓展,仍假设涉及应急物资需求站点和应急物资储备库两类站点。同时,考虑了城市已有应急物资储备网络优化中的拥挤情景。

一、基本假设

(1)假设需求和服务以点状产生。(2)任意设施点与需求点的距离可通过调查或者计算得到。(3)由于设施点建设与维护成本较高,故个数要有限制,设为 p 个。(4)假设需求点需求时间间隔遵从泊松分布;设施点的服务时间间隔遵从负指数分布。(5)假设每一需求点最多只能由一个设施点服务(设施点要替化为应急物资储备库;需求点替换为应急物资需求点)。

二、符号定义

为了便于讨论分析,进行如下的符号定义:

i 代表应急物资需求点;I 表示应急物资需求点的全体;j 代表应急物资储备库;J 表示应急物资储备库的全体;p 为实际可选择建立的应急物资储备库数;a_i 表示应急物资需求点 i 的人口数量;k 指代某种交通方式,K 为应急物资采取的交通方式全集,有 $k \in K$(本章实证时只取公路交通一种方式,即 $k=1$);d_{ijk} 为应急物资被采取 k 种交通方式运输时,应急物资储备库 i 至应急物资需求点 j 的距离;h_i 是表达需求点 i 应急物资需求紧急程度的参数,取值为$[0,1]$(本章实证时不考虑 h_i 的差异,即假定 $h_i=1$);g_{ijk} 为应急物资由应急物资储备库 j 至应急物资需求点 i 时,采取 k 种交通方式时所实现的应急需求点人们满意程度差异的参数,本章主要考虑距离因素和交通方式的影响,因此有:

$$g_{ijk} = 1 - \frac{d_{ijk} - \min\{d_{ijk}\}}{\max\{d_{ijk}\} - \min\{d_{ijk}\}}$$

$$= \frac{\max\{d_{ijk}\} - d_{ijk}}{\max\{d_{ijk}\}} \tag{3-1}$$

f_i 为需求点 i 的需求率;μ_j 为设施点 j 的服务效率。

x_{ijk} 为 0-1 变量,应急物资采取 k 种交通方式运输时,如果应急物资需求点 i 被应急物资储备库 j 提供服务,则取 1 值;否则,取 0 值。y_{jk} 指 0-1 变量,应急物资采取 k 种交通方式运输时,如果应急物资储备库 j 被选择进行设施建设,则取 1 值;否则,取 0 值。

三、具体模型

本书提出的城市已有应急物资储备库网优化模型为：

$$\max \sum_{i \in I} \sum_{j \in J} \sum_{k \in K} a_i h_i g_{ijk} x_{ijk} \tag{3-2}$$

s.t.

$$x_{ijk} \leqslant 1 ; \forall i,j,k \tag{3-3}$$

$$\sum_{j \in J} \sum_{k \in K} x_{ijk} \leqslant 1 ; \forall i \tag{3-4}$$

$$\sum_{j \in J} \sum_{k \in K} y_{jk} = p ; \forall k \tag{3-5}$$

$$x_{ijk} = 0,1 ; y_{jk} = 1 ; \forall i,j,k \tag{3-6}$$

其中，目标函数式(3-2)使被服务的应急物资需求点的总满意程度最大；g_{ijk} 用来表示第 k 类交通方式时第 i 个应急物资需求点接受第 j 个应急物资储备库服务时的满意程度，取值范围为 $[0,1]$，本章主要考虑距离因素和交通方式对 g_{ijk} 的影响。式(3-3)保证只有应急物资储备库 j 在 k 种交通方式下服务于应急物资需求点 i 时，才有 $x_{ijk} = 1$；否则，$x_{ijk} = 0$。式(3-4)强化应急物资储备库的服务效率，保证每一个应急物资需求点最多只可由一个应急物资储备库提供服务，消除各应急物资储备库间的重复服务问题。式(3-5)指将要建设的应急物资储备库个数。式(3-6)限制决策变量 x_{ijk} 和 y_{jk} 为 0-1 整数变量。

当考虑设施点存在拥挤情景时，上述模型需加入新的约束条件，即：

$$P(W_j^q \leqslant t) \geqslant \alpha ; \forall j \tag{3-7}$$

式(3-7)保证了每一需求点等待应急医疗服务设施点的最大等待时间不大于 t 的概率不小于 α。其中，W_j^q 指设施点(服务点) j 在队列中平均等待时间的期望值，t 为 W_j^q 的一临界常数。

根据马尔诺夫和色拉（Marianov 和 Serra，1998）的证明，式（3-5）可进一步转变为：

$$\sum_i f_i x_{ij} \leq \mu_j + \frac{1}{t}\ln(1-\alpha) \; ; \forall j \qquad (3-8)$$

这里 f_i 指的是需求点 i 需求时间间隔遵从泊松分布条件下的服务需求率；μ_j 指代节点 j 的服务率，设施点的服务时间间隔遵从负指数分布。

因此，得到考虑拥挤情景的城市已有应急物资储备库网络优化模型如下：

$$\max \sum_{i \in I} \sum_{j \in J} \sum_{k \in K} a_i h_i g_{ijk} x_{ijk} \qquad (3-9)$$

s.t.

$$x_{ijk} \leq 1 \; ; \forall i,j,k$$

$$\sum_{j \in J} \sum_{k \in K} x_{ijk} \leq 1 \; ; \forall i$$

$$\sum_{j \in J} \sum_{k \in K} y_{jk} = p \; ; \forall k$$

$$\sum_i f_i x_{ij} \leq \mu_j + \frac{1}{t}\ln(1-\alpha) \; ; \forall j$$

$$x_{ijk} = 0,1 \; ; y_{jk} = 1 \; ; \forall i,j,k$$

四、算法分析

本章所建模型属于最大覆盖问题，是 NP-hard 问题。对于大型的此类问题的求解，精确算法以及一般的商业优化软件无能为力，只能借助于启发式或近似算法，以及人工智能等算法（如蚁群算法）来求得其近似解。

如前符号定义中所述，本章只考虑公路一种交通方式，有 $k=1$，且不考虑石家庄市各区县应急物资需求的紧急程度差异,因此可令 $h_i = 1$。

由于本章属网络优化问题中,应急物资储备库已经确定,即对于任意应急物资储备库 j,都有 $y_{jk} = 1$。模型求解的任务是确定 x_{ijk} 的值。基于上述特点,笔者提出以下启发式算法求解思路:

第一步:初始化各参数。对 a_i 赋值,根据所测得的需求点至设施点距离矩阵,利用式(3-10)求得 g_{ijk} 值。

$$g_{ijk} = 1 - \frac{d_{ijk} - \min\{d_{ijk}\}}{\max\{d_{ijk}\} - \min\{d_{ijk}\}}$$

$$= \frac{\max\{d_{ijk}\} - d_{ijk}}{\max\{d_{ijk}\}} \tag{3-10}$$

第二步:对任一需求点 i,计算其被各设施点覆盖时的各 $a_i g_{ijk}$ 值,比较各设施点对应的 $a_i g_{ijk}$ 值,取其最大者对应设施点(设为 j),并验证约束条件式(3-7),如满足,则令 $x_{ijk} = 1$,如不满足,则取 $a_i g_{ijk}$ 为第二大的设施点(设为 j'),再次验证约束条件式(3-7),如满足,则令 $x_{ij'k} = 1$,以此类推,其他 $x_{ijk} = 0$。

第三步:重复第二步,直至所有的需求点都完成第二步。

第四步:根据所得到的 x_{ijk} 的值,确定各设施点服务的需求点,并确定各设施点的服务半径,得到本节的已有设施点功能优化结果。

第三节　优化结果分析

一、实证区概况及模型改进

实证区仍选择河北省石家庄市,其地理位置、辖区概况详见第二章

第三节,这里不再赘述。

观察本章所建模型,与陆相林、侯云先(2011)模型相比,需确定式(3-7)中的 f_i 和 μ_j 两个参数的值。

这里 μ_j 是应急物资储备库 j 的服务效率,指一辆急救车辆每天最多能够完成的由应急医疗点至需求点的次数,单位为:次/天。确定 μ_j 有三个准则,分别为乐观准则、折中准则和悲观准则,不同准则下, μ_j 取值不同。本节取乐观准则,以应急物资储备库 j 的最大出车次数作为 μ_j ,即有:

$$\mu_j = \max_i \{\mu_{ij}\} ; \forall i \tag{3-11}$$

式(3-11)中 μ_{ij} 指应急物资储备库 j 为需求点 i 服务的效率,据滴滴出行发布的《2016 上半年中国城市交通出行报告》,全国 400 座城市的平均车速为 24.8 千米/小时,对于应急救助车速显然要大于上述调查的平均车速。陆相林、刘春玲、赵宁等(2013)对山东省滕州市的急救车辆的平均速度和出车时间进行了统计。由于本书不能查到更为精确的石家庄市相关平均车速数据,因此综合滴滴出行报告和陆相林、刘春玲、赵宁等(2013)的平均车速调查结果均值,取石家庄市平均行车速度为 0.64 千米/分钟,而平均出车时间则取陆相林、刘春玲、赵宁等(2013)研究中的平均值 1.5 分钟,因此有:

$$\mu_{ij} = (24 \times 60) \div (2 \times d_{ij} \div 0.64 + 1.5) \tag{3-12}$$

由于石家庄市应急物资需求和应急物资储备库出车统计尚无有记载的历史记录可查,笔者利用 Matlab 2014 随机生成程序仿真石家庄市应急物资需求率统计情况(见表 3.1)。 f_i 指需求点 i 的服务需求率,指重大突发事件,受灾各乡镇、街道平均每天需用救助的出车次数。

表 3.1　石家庄市下辖各区、县(市)需出车次数　(单位:次/天)

区、县(市)名	长安区	桥西区	新华区	裕华区	矿区	井陉县	正定县	栾城区
平均每天需出车次数 f_i	15.19	17.82	18.84	14.58	13.88	16.82	13.53	11.08
区、县(市)名	行唐县	灵寿县	高邑县	深泽县	赞皇县	无极县	平山县	元氏县
平均每天需出车次数 f_i	9.2	12.94	7.89	6	9.1	7.78	14.83	11.06
区、县(市)名	赵县	辛集市	藁城区	晋州市	新乐市	鹿泉区	—	—
平均每天需出车次数 f_i	8.41	6.3	9.44	7.72	9.12	29.43	—	—

资料来源:Matlab2014a 随机生成程序仿真。

二、网络优化配置依据

基于网络优化模型,考虑拥挤情景下对石家庄市现有应急物资储备库进行优化配置。石家庄市各区县代表应急物资需求点,应急物资储备库与需求点之间距离用公路交通距离表示,数据根据我要地图网网站的测距功能测得。北京灵图软件技术有限公司是全国 11 家拥有甲级测绘资质(含导航电子地图制作)的公司之一,该公司的我要地图网网站与谷歌网站的地图功能相似,但设计上更贴合中国国情,可提供详细到我国村级单位之间的测距、测面功能,且结果较为准确。本章中各应急物资储备库至各镇、街道的距离数据由我要地图网网站的测距功能测得,篇幅所限,具体数据略。

三、网络优化结果

根据相关调查数据,利用 Matlab2014a 编写算法程序,在 PC 机

89

Windows 10.0 环境下运行通过,求得如下结果(见表3.2)。

表 3.2 中第 1 列列出的是石家庄市现有的 3 个应急物资储备库,分别为石家庄市区一三三处、石家庄市区一三五处、石家庄井陉县一五零处。

表 3.2　考虑拥挤情景的石家庄市应急物资储备库功能优化结果

石家庄市现有应急物资储备库分布	网络优化布局结果[服务区、县(市)]	服务半径/最远服务区、县(市)
石家庄市区一三三处	灵寿县、平山县、鹿泉区	30.4 千米/灵寿县
石家庄市区一三五处	长安区、桥西区、新华区、裕华区、正定县、栾城区、行唐县、高邑县、深泽县、赞皇县、无极县、元氏县、赵县、辛集市、藁城区、晋州市、新乐市	74.8 千米/深泽县
石家庄井陉县一五零处	井陉县、井陉矿区	11.1 千米/ 井陉矿区

注:表中覆盖半径为 0,指该应急物资储备库只为其自身所在区县级单位服务。

由表 3.2 第 2 列可以得出,石家庄市区一三三处服务范围内的区、县为灵寿县、平山县、鹿泉区;石家庄市区一三五处服务范围内的区、县(市)为长安区、桥西区、新华区、裕华区、正定县、栾城区、行唐县、高邑县、深泽县、赞皇县、无极县、元氏县、赵县、辛集市、藁城区、晋州市、新乐市;石家庄井陉县一五零处服务范围内的区、县(市)为井陉县、井陉矿区。

由表 3.2 第 3 列显示石家庄市 3 个现有应急物资储备库的服务半径与最远服务区、县(市):石家庄市区一三三处的服务半径为 30.4 千米,最远服务区、县(市)为灵寿县;石家庄市区一三五处的服务半径为 74.8 千米,最远服务区、县(市)为深泽县;石家庄井陉县一五零处服务半径为 11.1 千米,最远服务区、县(市)为井陉矿区。

四、网络优化结果分析

基于表3.2,结合原始数据和上述分析,可知:(1)通过本章提出的网络优化模型,对各应急物资储备库功能加以优化,实现了以各应急物资储备库——区、县(市)有机结合的组团结构,但区域结构明显不均衡,突出表现为石家庄市区一三五处的服务负担过重,承担了石家庄市22个区、县(市)单位中的17个,占总数的77%。(2)3个应急物资储备库在石家庄市的空间分布过于集中,都集中于距石家庄市中心40千米(公路距离)以内的区域,鹿泉一三三处至石家庄市中心的距离为16.0千米,石家庄一三五处至石家庄市中心的距离为5.7千米,井陉县一五零处至石家庄市中心的距离为39千米。

小　　结

本章考虑覆盖半径内需求满意差异的同时,构建了拥挤情景下的城市已有应急物资储备库网络优化模型,并设计了启发式算法进行求解。以河北省石家庄市为例实证,得出应急物资储备库的归属单位,服务乡(镇)与服务半径,并提出配置建议。将对我国城市应急设施优化选址与配置,乃至城市的防灾规划有一定的指导意义,可为其提供定量分析思路与方法,增加了相关工作的科学性。此外,城市应急公共设施中,除了应急物资储备库外,防火设施、应急物资储备库、避难场所建设也是当前政府和学者关注的焦点,本章成果也能为之提供一定的决策依据。

进一步研究展望方面,首先,本章只考虑了拥挤情景下的已有应急物资储备库功能优化问题,因此,新建应急物资储备库选择问题可作为一个新的拓展方向;其次,考虑多因素影响(如灾害风险程度、自然环境条件、人口密度等)的选址模型构建及求解应是本章的一个拓展方向;最后,笔者仅对同一等级层次上的城市应急物资储备库网络优化功能优化问题进行研究,因此,进一步的拓展方向以对不同级别上的设施选址问题进行研究。

总之,本章针对我国城市应急物资储备库网络优化定量分析成果较少的现实,提出考虑拥挤情景的城市已有应急物资储备库网络优化问题。在考虑覆盖半径内需求满意差异的同时,构建了拥挤情景下的城市应急物资储备库网络优化模型,并设计启发式算法求解。以河北省石家庄市已有应急物资储备库为例进行实证分析,并提出了进一步拓展研究的方向。

第四章　考虑增建情景的城市应急物资储备库网络优化模型与实证研究

　　《国家综合防灾减灾规划（2016—2020 年）》《国家自然灾害救助应急预案》都明确指出，我国当前的应急物资保障仍不能满足当前突发事件需要，必须新建、改建和扩建一批符合标准的应急物资储备库，要建成中央、省、市、县、乡五级救灾物资储备体系，确保自然灾害发生12 小时之内受灾人员基本生活得到有效救助。由于城市发展过程中，已经拥有一定数量、规模的应急物资储备库，为了完善提高其应急物资保障能力，可以考虑在充分利用城市现有应急物资储备库基础上，作出进一步扩建的决策。

　　针对我国城市应急物资储备库网络优化定量分析成果较少的现实，提出考虑增建情景的城市应急物资储备库网络优化问题。在考虑覆盖半径内需求满意差异的同时，构建了考虑增建情景的城市应急物资储备库网络优化模型，并设计启发式算法求解。以河北省石家庄市考虑增建情景的应急物资储备库网络优化为例进行实证。最后，提出了进一步拓展研究的方向。

第一节 城市应急物资供应活动中增建情景

当前,我国的应急物资保障仍不能满足当前突发事件需要,必须新建、改建和扩建一批符合标准的应急物资储备库。由于城市发展过程中,已经拥有一定数量、规模的应急物资储备库,为了完善提高其应急物资保障能力,可以考虑在充分利用城市现有应急物资储备库基础上,作出进一步扩建的决策。应急物资储备库研究成果主要以定性描述现状,提出对策建议为主,定量研究成果相对较少。再岚(2010)回顾了我国物资储备的历史状况,提出必须建设信息共享的储备系统,完善储备的布局,更新物资储备的管理理念。张永领(2010)提出了我国应急物资储备体系完善的基本思路。定量研究中,郭子雪等(2009)研究了基于梯形模糊数的应急物资储备库最小加权距离选址模型,并给出求解该问题 α-水平最优解的算法。葛春景等(2011)基于轴辐理论,提出应对重大灾害的轴辐式应急物资储备网络体系构建思路。陆相林和侯云先(2010;2011)对国家级应急物资储备库、小城镇应急物资储备库选址问题进行了探讨与实证。肖俊华和侯云先(2013)基于多级覆盖和覆盖衰减思想,考虑设施选址的公平性、效率性及成本等因素,构建了区域救灾物资储备库多目标多级覆盖设施选址。当前,考虑增建情景对城市应急物资储备库网络进行定量优化成果极少。本章将基于此情景,建立既包含已有应急物资储备库,又考虑新建应急物资储备库的模型,旨在实现市域应急物资调度服务的整体最优化,并以石家庄市为实证区域,解决其市域应急物资储备库空间布局与功能优化决策问题。

第二节　考虑增建情景的模型构建

"考虑增建情景的城市应急物资储备库选址问题"涉及两类站点，一类为应急物资需求站点，另一类为应急物资储备库站点，后者为前者提供应急物资，主要研究：在考虑城市已有应急物资储备库基础上，作出进一步扩建的决策，通过建立数学优化模型，确定新建应急物资储备库的数目、各应急物资储备库服务的具体需求点、服务半径，实现各应急物资储备库对各应急物资需求点服务的整体最优化。

一、基本假设

（1）城市应急物资储备库、应急物资需求点以点状存在。（2）城市应急物资储备库与应急物资需求点之间以某种交通方式连通。（3）应急物资储备库和应急物资需求点之间的距离可通过调查或者计算得到。（4）为了保证应急救助效率和反映应急管理实际，假设各需求点总是得到离其最近的应急物资储备库的服务。（5）只考虑一个需求点最多只能被一个应急物资储备库提供服务的情况。（6）由于应急物资储备库建设与维护成本较高，故个数要有限制，设为 p 个。

二、符号定义

对本章模型进行如下的符号定义：

i 代表应急物资需求点；I 表示 i 的全体；j 代表城市应急物资储备库；J 指 j 的全体；p 为考虑增建情景的城市应急物资储备库总数，其中已有应急物资储备库个数为 p^{Pr}，新建应急物资储备库个数为 p^{Ne}；a_i

表示应急物资需求点 i 的人口数量；k 指代某种交通方式，K 为交通方式全集，有 $k \in K$；d_{ijk}^{Pr} 为应急物资被采取 k 种交通方式运输时，已有应急物资储备库 i 至应急物资需求点 j 的距离；d_{ijk}^{Ne} 为应急物资被采取 k 种交通方式运输时，新建应急物资储备库 i 至应急物资需求点 j 的距离；h_i 是表达需求点 i 应急物资需求紧急程度的参数，取值为 $[0,1]$。

g_{ijk} 为应急物资由应急物资储备库 j 至应急物资需求点 i 时，采取 k 种交通方式时所实现的应急需求点人们满意程度差异的参数，由于本章考虑到了已有和新建两种状态，因此 g_{ijk} 又可分为 g_{ijk}^{Pr} 和 g_{ijk}^{Ne}，g_{ijk}^{Pr} 为已有应急物资储备库 j 采取 k 种交通方式为需求点 i 服务时，需求点 i 带来的满意度，g_{ijk}^{Ne} 为新建应急物资储备库采取 k 种交通方式 j 为需求点 i 服务时带来的满意度；其中，本章主要考虑距离因素和交通方式的影响，因此有：

$$g_{ijk}^{Pr} = 1 - \frac{d_{ijk}^{Pr} - \min\{d_{ijk}^{Pr}\}}{\max\{d_{ijk}^{Pr}\} - \min\{d_{ijk}^{Pr}\}}$$

$$= \frac{\max\{d_{ijk}^{Pr}\} - d_{ijk}^{Pr}}{\max\{d_{ijk}^{Pr}\}} \tag{4-1}$$

$$g_{ijk}^{Ne} = 1 - \frac{d_{ijk}^{Ne} - \min\{d_{ijk}^{Ne}\}}{\max\{d_{ijk}^{Ne}\} - \min\{d_{ijk}^{Ne}\}}$$

$$= \frac{\max\{d_{ijk}^{Ne}\} - d_{ijk}^{Ne}}{\max\{d_{ijk}^{Ne}\}} \tag{4-2}$$

x_{ijk}^{Pr} 为 0-1 变量，已有应急物资储备库采取 k 种交通方式运输时，如果应急物资需求点 i 被应急物资储备库 j 提供服务，则取 1 值；否则，取 0 值。x_{ijk}^{Ne} 为 0-1 变量，新建应急物资储备库采取 k 种交通方式运输时，如果应急物资需求点 i 被应急物资储备库 j 提供服务，则取 1 值；否则，取 0 值。y_{jk}^{Pr} 为常量，已有应急物资库 j 采取 k 种交通方式运输应急物资为需求点服务,恒取 1 值;y_{jk}^{Ne} 指 0-1 变量,当新建应急物资储备库采取 k 种交通方式运输时,如果新建应急物资储备库 j 被选择进行设施建设,则取 1 值;否则,取 0 值。

三、具体模型

$$\max \sum_{i \in I} \sum_{j \in J} \sum_{k \in K} a_i h_i g_{ijk} x_{ijk}$$

$$= \sum_{i \in I} a_i h_i \sum_{j \in J} \sum_{k \in K} (g_{ijk}^{Pr} x_{ijk}^{Pr} + g_{ijk}^{Ne} x_{ijk}^{Ne}) \tag{4-3}$$

s.t.

$$x_{ijk}^{Pr} \leqslant y_{jk}^{Pr}; \forall i, j, k \tag{4-4}$$

$$x_{ijk}^{Ne} \leqslant y_{jk}^{Ne}; \forall i, j, k \tag{4-5}$$

$$\sum_{k \in K} x_{ijk}^{Pr} \leqslant 1; \forall i \tag{4-6}$$

$$\sum_{k \in K} x_{ijk}^{Ne} \leqslant 1; \forall i \tag{4-7}$$

$$\sum_{j \in J} \sum_{k \in K} y_{jk}^{Pr} + \sum_{j \in J} \sum_{k \in K} y_{jk}^{Ne} = p \tag{4-8}$$

$$x_{ijk}^{Pr} = 0, 1; x_{ijk}^{Ne} = 0, 1 \tag{4-9}$$

$$y_{jk}^{Pr} = 1; y_{jk}^{Ne} = 0, 1; \forall i, j, k \tag{4-10}$$

其中,目标函数式(4-3)使被服务的应急物资需求点的总满意程度最大。式(4-4)、式(4-5)保证只有应急物资储备库 j 在 k 种交通方式下服务于应急物资需求点 i 时,才有 $x_{ijk} = 1$,否则,$x_{ijk} = 0$。式(4-6)、式(4-7)强化应急物资储备库的服务效率,保证每一个应急物资需求点最多只可由一个应急物资储备库提供服务,消除各应急物资储备库间的重复服务问题。式(4-8)指定市域的应急物资储备库总数为 p。式(4-9)、式(4-10)限制决策变量 x_{ijk}^{Pr}、x_{ijk}^{Ne}、y_{jk}^{Pr} 和 y_{jk}^{Ne} 为 0-1 整数变量。

四、算法分析

由于模型仍属于最大覆盖问题，是 NP-hard 问题。对于大型的此类问题的求解，精确算法以及一般的商业优化软件无能为力，只能借助于启发式或近似算法来求得其近似解。笔者这里基于贝尔曼、德雷兹纳（2006）提出的算法与模拟退火法（Simulated Annealing，SA）相结合，完成模型求解。分为两个阶段，分别为：

第一阶段：已选定应急物资储备库集合 P 的需求满意最大化启发式算法，具体步骤如下。

第一步：初始化各参数。对 a_i、h_i、k 赋值，根据所测得的需求点至应急物资储备库距离矩阵，求得 g_{ijk} 值（由于本章考虑到了城市应急物资储备库的已有和新建两种状态，因此 g_{ijk} 又可分为 g_{ijk}^{Pr} 和 g_{ijk}^{Ne} ）。

第二步：对任一需求点 i，计算其被各应急物资储备库服务时的各 $a_i h_i g_{ijk}$ 值，比较各应急物资储备库对应的 $a_i h_i g_{ijk}$ 值，取其最大者对应应急物资储备库（设为 j），并验证约束条件式，如满足，则令 $x_{ijk} = 1$，如不满足，则取 $a_i h_i g_{ijk}$ 为第二大的应急物资储备库（设为 j'）。再次验证约束条件，如满足，则令 $x_{ij'k} = 1$，其他 $x_{ijk} = 0$；如不满足，则以此类推。

第三步：重复第二步，直至所有的需求点都完成第二步。

第二阶段：利用模拟退火算法（Kirkpatrick、Gelatt、Vecchi，1983）确定应急物资储备库集合 P 的启发式算法，基本步骤如下。

第一步：已有应急物资储备库设个数为 p^{Pr}，构成集合 P^{Pr}，显然 P^{Pr} 为已知。在候选新建应急物资储备库集合 P^N 中随机选择 p^{Ne} 个新建应急物资储备库，构成集合 P^{Ne}，由 P^{Pr} 和 P^{Ne} 构成集合 P，利用 Vogel

配置算法,配置各需求点,计算目标函数值 $F(P)$,作为当前最优解。设置初始点温度 $T = T_0$,迭代次数为0。

第二步:在 P^{Ne} 中随机选一应急物资储备库 $j(j \in P)$,同时,在 P^N 选择一应急物资储备库 $j'(j' \notin P)$,移出 j ,移入 j' ,构成集合,定义为 P' 。

第三步:通过前面设计的配置启发式算法,计算目标函数 $F(P')$ 的值。

第四步:$F(P') \geqslant F(P)$ 时,使 $P = P'$,接受本次移动(move),转至第六步。

第五步:如果 $F(P') < F(P)$,计算 $\delta = [F(P) - F(P')]/T$,如果有 $\delta \geqslant e^{-\delta}$,则接受移动,令 $P = P'$,转向第六步;如不接受移动,保持原有 P ,转向第七步。

第六步:把当前解代入 $F(P')$,如有必要,更新最好解。

第七步:逐一增加迭代次数,用 T 乘以 f ,如果迭代次数超过 L ,迭代终止,以最好解作为算法的解,否则返回第二步。

根据翁和贝斯利(Wong 和 Beasley,1990)的大量实验结果,这里取 $n \leqslant 300$, $T_0 = 0.1$, $N = 250n \sqrt{p}$, $f = 1 - 5/N$ 。

综合上述两个阶段,根据所得到的 x_{ijk} 的值,确定应急物资储备库服务的需求点、服务半径,从而得到本章的优化配置结果。

第三节　网络优化分析

一、实证区概况与优化依据

实证区仍选择河北省石家庄市,其地理位置、辖区概况详见第二章

第三节,这里不再赘述。

配置中,考虑了《中华人民共和国突发事件应对法》的要求,所建模型主要适用于《中华人民共和国国家突发公共事件总体应急预案》中Ⅲ级和Ⅳ级突发公共事件的应对。河北粮食与物资储备局在石家庄市域内有三个直属处,分别为鹿泉市一三三处储备库、石家庄市区一三五处储备库、井陉县一五零处储备库。本章的实证研究旨在充分利用河北物资储备管理局,在石家庄市域内设立的 3 个物资储备库的基础上,新建一定数目的应急物资储备库的空间决策问题。优化配置中,石家庄市各区县代表应急物资需求点,应急物资储备库与需求点之间联系用公路交通距离表示,数据通过我要地图网网站的测距功能测得,篇幅所限,具体数据略。

二、增建储备库个数确定

经过笔者走访石家庄市物资储备部门人员、咨询相关应急管理专家,以及利用 Matlab 2014a 编写启发式算法程序,在 PC 机 Windows 10.0 环境下运行计算,确定石家庄市应急物资储备库新建个数为 3 个,即得到石家庄市应急物资储备库总数为 6 个较为合适(含石家庄市已有应急物资储备库 3 个)。

三、网络优化结果

根据相关调查数据,利用 Matlab2014a 编写算法程序,在 PC 机 Windows 10.0 环境下运行通过,求得如下结果(见表 4.1)。

表 4.1 中第 1 列列出的是石家庄市已有的 3 个应急物资储备库,分别为石家庄市区一三三处储备库、石家庄市区一三五处储备库、石家

庄井陉县一五零处储备库;3 个新建的应急物资储备库分别为行唐县、元氏县、晋州市应急物资储备库。

由表 4.1 第 2 列可以得出,石家庄市区一三三处储备库服务范围内的区、县(市)为平山县、鹿泉区;石家庄市区一三五处储备库服务范围内的区、县(市)为长安区、桥西区、新华区、裕华区、正定县、栾城区;石家庄井陉县一五零处储备库服务范围内的区、县(市)为井陉县、井陉矿区。石家庄行唐新建应急物资储备库服务范围内的区、县(市)为行唐县、灵寿县、新乐市;石家庄元氏新建应急物资储备库服务范围内的区、县(市)为高邑县、赞皇县、元氏县、赵县;石家庄晋州新建应急物资储备库服务范围内的区、县(市)为无极县、深泽县、辛集市、藁城区、晋州市。

表 4.1　石家庄市应急物资储备库空间优化配置结果

石家庄市应急物资储备库分布	空间优化配置结果 [服务区、县(市)]	服务半径/ 最远服务区、县(市)
石家庄市区一三三处	平山县、鹿泉区	26.8 千米/平山县
石家庄市区一三五处	长安区、桥西区、新华区、裕华区、正定县、栾城区	24.5 千米/栾城区
石家庄井陉县一五零处	井陉县、井陉矿区	11.1 千米/井陉矿区
行唐县	行唐县、灵寿县、新乐市	21.7 千米/ 灵寿县
元氏县	高邑县、赞皇县、元氏县、赵县	24.6 千米/赵县
晋州市	无极县、深泽县、辛集市、藁城区、晋州市	27.2 千米/无极县

由表 4.1 第 3 列显示石家庄市 3 个现有应急物资储备库的服务半径与最远服务区、县(市);石家庄市区一三三处储备库的服务半径为28.6 千米,最远服务区、县(市)为平山县;石家庄市区一三五处储备库

的服务半径为 24.5 千米,最远服务区、县(市)为栾城区;石家庄井陉县一五零处储备库服务半径为 11.1 千米,最远服务区、县(市)为井陉矿区。石家庄市 3 个新建应急物资储备库的服务半径与最远服务区、县(市):石家庄行唐新建应急物资储备库的服务半径为 21.7 千米,最远服务区、县(市)为灵寿县;石家庄元氏新建应急物资储备库的服务半径为 24.6 千米,最远服务区、县(市)为赵县;石家庄晋州新建应急物资储备库服务半径为 27.2 千米,最远服务区、县(市)为无极县。

四、网络优化结果分析

基于表 4.1,结合原始数据和上述分析,可知:

(1)通过本章提出的选址模型,对各应急物资储备库功能加以优化,实现了以各应急物资储备库——区、县(市)有机结合的组团结构,区域结构比较均衡,6 个应急物资储备库中,服务的区、县(市)个数最少的为石家庄市区一三三处储备库,应急物资储备库个数为 2 个,服务的区、县(市)个数最多的为石家庄市区一三五处储备库,但个数也仅为 7 个,远远低于没有新建应急物资储备库时的情景(没有新建应急物资储备库时,该库服务负担过重,承担了石家庄市 22 个区、县(市)单位中的 17 个,占总数的 77%)。

(2)所设置的 6 个应急物资储备库在石家庄市的空间分布较为分散,每个库的最大服务半径都没有超过 30 千米,其中有 5 个库的服务半径取值在 25 千米。

五、相关建议

第一,建议石家庄市应适当扩建、设立远离市区镇的应急物资储备库,以进一步提高应急物资供应能力。石家庄市已有 3 个应急物资储备库都集中于距石家庄市中心 40 千米(公路距离)以内的区域,以致各远离现有应急物资储备库的区、县(市)应急物资需求有可能得不到及时供应。因此,建议石家庄市至少新建行唐县、元氏县、晋州市 3 个应急物资储备库,从而达到城市应急服务结构的均衡布局。

第二,建议加强石家庄市区一三五处储备库的建设,石家庄市应采取多项措施与之沟通、协作,实现重大突发事件下的有效联动。由表 4.1 可知,该储备库需要服务的区、县(市)数目较多(达 7 个),重大突发事件下可能产生的物资供应任务繁重。石家庄市应从救助车辆数量、类别,交通联系,专业人员配置和建设资金等方面给予支持与合作。

第三,石家庄市应急物资储备库的相关配套设施建设与活动开展要加强。与石家庄市应急物资储备库联系的交通设施应加强,保证至少有市级公路相通。应以石家庄市为中心,建立市级、县级应急物资储备服务体系,并开展体系的交流、协作,做到重大突发事件中的高效合作、互助。

小　　结

本章以创造应急物资需求点民众总体满意程度最大为目标,构建了考虑交通方式、需求点风险程度的考虑增建情景的城市应急物资储备库选址模型。把所建模型应用于石家庄市,为其应急管理工作的科学化提供一定的决策依据。本章成果对我国城市应急设施优化选址与配置,乃至城市防灾规划有一定的指导意义,可为其提供定量分析思路与方法。

　　需要讨论之处为:首先,文章仅考虑了效率准则下的考虑增建情景的城市应急物资储备库选址问题,可进一步考虑公平准则下(又称服务均等化)的选址问题。其次,本章仅考虑了交通方式、空间距离、应急物资需求点的灾害风险程度对选址的影响,可进一步考虑自然环境、人口密度等对选址产生的影响。最后,笔者没有考虑城市应急物资储备库的等级选址问题。

　　总之,合理布局应急物资储备库,有效配置应急资源是提高城市应急物资保障能力的重要战略决策问题。本章基于设施选址理论,以创造应急物资需求点民众总体满意程度最大为目标,构建了考虑交通方式、需求点风险程度的考虑增建情景的城市应急物资储备库选址模型,解决了考虑增建情景的城市应急物资储备库的空间布局优化问题。以石家庄市为实证区域,得出其应急物资储备库的最优服务区、县(市)与服务半径,并提出相关建设性建议。

第五章　城市应急物资储备库网络
等级优化模型与实证研究

本章针对我国城市应急设施选址定量分析文献较少的现实,结合城市应急物资储备库管理与物资调度实际,对等级设施选址理论中的最大覆盖模型加以改进,构建了考虑覆盖半径内需求满意差异性,具有单流、嵌套性、同调性特征的城市应急物资储备库等级选址模型,并利用蚁群算法进行求解,并以北京市房山区为例进行实证。

第一节　城市应急公共设施等级性问题

现实中,无论是公共还是私营设施系统,常常存在等级性,如医疗系统、物资储备、物流配送系统等。城市应急公共服务设施也可以分为多个等级。等级设施系统中,不同等级的设施提供不同水平的服务,设施之间可通过物流、人流、信息、资金等形式密切联系。因此,仅单独考虑某一等级的优化并不能实现整体最优。等级设施选址系统中一般有 k 个水平等级的设施,最低等级的设施水平为 1,最高等级的设施水平为 k,与之联系,学者习惯把需求点也看作一个等级,水平定义为 0。表 5.1 显示了一个 $k=2$ 的城市应急设施系统。

表 5.1　城市应急公共服务设施系统等级结构

层次	需求点层	低设施点层(l 层)	高设施点层(h 层)
名称	第 0 层	第 1 层	第 2 层
代码	i	j	k
实体	村庄	乡镇级的应急公共服务设施	区、县级应急公共服务设施
功能	产生应急服务需求	提供低等级应急服务,用 A 代称	提供高等级应急服务。(1)嵌套性时,除了 A 外,还能够提供其他服务(用 B 表示);(2)非嵌套性时,只提供高等级的服务 B

　　统计表明:有效的应急系统可将事故损失降低到无应急系统的60%。城市应急管理需要构建富有应变能力、及时畅通、科学有效的应急设施系统。北京市政府非常重视应急管理和应急物资储备库建设工作,其市一级的应急物资储备库已经建成,今后的建设重点是向街乡和社区延伸,计划两年内北京市 16 区都将建成物资储备库。应急物资调度、储备规划与建设是应急管理研究的热点领域之一。

　　设施选址问题是"选址"研究的核心主题之一,研究一系列设施(如应急设施、物流中心等)具体位置的选择(Revelle、Eiselt、Daskin,2008),对消防、医疗、工商业等各方面而言都极为重要(Revelle、Eiselt,2005;Eiselt、Sandblom,2004;Arabani,2012)。国外有不少较经典的研究(Francis、McGinnis、White,1983;Brandeau,1989;Drezner、Hamacker,2002;Farahani、Hekmatfar,2009)。等级选址问题是设施选址研究的一个重要领域,相关研究主要集中在模型构建、算法设计与空间决策支持三个方向,主要应用于物流规划、应急设施选址等方面(陆相林等,2011)。

　　学者常常从等级选址的流(flow)模式、服务可用性(service availability)、空间结构和目标四个属性维度对之进行研究:娜若拉(1984)最早提出等级设施选址问题的单流(single-flow)和多流(multi-flow)模式;马尔诺夫、色拉(Marianov、Serra,2001)根据设施的服务可用性原则,提出嵌套(nested)和非嵌套(non-nested)等级选址问题;色拉、瑞伟(Serra、Revelle,1993)基于设施分布的空间特征,提出等级设施选址同调性(coherent)和非同调性(non-coherent)问题;塞恩、苏拉(2007)从中位(median)、覆盖(covering)和固定费用(fixed charge)三个目标角度确定等级设施选址问题的类别,并对1986—2007年的等级设施选址研究成果进行分类综述。国内方面,陆相林、侯云先(2010)对国内外最新设施选址理论进行了概述,在此基础上提出了考虑覆盖半径内需求满意差异的选址问题。陈志宗等(2006)讨论了城市防灾减灾设施的等级选址问题及应用。

冉岚(2010)回顾了我国物资储备的历史状况,提出必须建设信息共享的储备系统,完善储备的布局,更新物资储备的管理理念。张永领(2010)提出了完善我国应急物资储备体系的基本思路。定量研究中,郭子雪等(2009)研究了基于梯形模糊数的应急物资储备库最小加权距离选址模型,并给出求解该问题 α-水平最优解的算法。葛春景等(2011)基于轴辐理论,提出应对重大灾害的轴辐式应急物资储备网络体系构建思路。陆相林、侯云先(2010;2011)对国家级应急物资储备库、小城镇应急物资储备库选址问题进行了探讨与实证。

综上所述,应急物资储备库相关问题的研究尚处于起步阶段,多以定性描述建设现状,提出相关对策建议为主。定量研究中对等级设施选址问题缺乏关注,较少联系国家、地区实际情况,定量探讨城市应急物资储备库配置合理性的文献则更少。因此,把等级设施选址理论应用于中国城市的应急物资储备库等级优化配置,为我国城市应急管理提供科学支撑极有必要。

基于上述考虑,本章将对陆相林、侯云先(2011)的研究加以拓展,综合考虑流模式、服务可用性、空间结构、目标四个维度,建立考虑覆盖半径内需求满意差异的,具有单流、单目标、嵌套式、同调性的城市应急物资储备库等级优化配置模型,并以北京市房山区为例进行实证。

第二节 等级优化配置模型设定

城市应急物资储备库等级优化配置问题属于设施选址问题的范畴。设施选址问题涉及两类站点,一类为需求站点;另一类为服务站点,文章中统称为设施点。由于设施点要为需求点提供服务,因此,一般用距离或者时间来表示设施点与需求点之间的联系紧密程度,为了简化分析且不失一般性,本章仅以距离为例进行分析。

一、基本假设

(1)假设应急物资需求和应急物资储备库以点状产生,其中应急需求点实体形态为村庄。(2)假设应急物资储备库存在等级性,分为两个等级,低等级定义为第1等级,称为乡镇级应急物资储备库;高等级定义为第2等级,称为区级应急物资储备库;把应急物资需求点定义为第0等级。(3)任意应急物资储备库与需求点的距离可通过调查或者计算得到。(4)由于应急物资储备库建设与维护成本较高,故个数要有限制。(5)假设每一需求点最多只能由一个应急物资储备库服务。(6)假定应急物资储备库选址于各乡镇政府机关所在地,每一乡镇都建一处乡镇级应急物资储备库,负责本乡镇辖区内的应急物资储备、调度与分配,管理权属于本乡镇,同时接受上一级的区级应急物资储备库垂直管理、协调与监督。(7)为了实现应急物资的均衡布局,假设区级应急物资储备库在区内有多个分布。(8)假设居民应急救助满意度具有距离(时间)敏感性,即距离应急设施点越近,安全感越强,满意度越高。(9)假设应急物资储备库等级服务可用性表现为嵌套性,即高等级应急物资储备库的服务功能更强大,除了能够提供低等级可提供的服务外,还可提供其他服务。

二、符号定义

为了便于分析,进行如下符号定义:

i 代表应急需求点(实证中指村庄),I 表示应急需求点的全体,有 $i \in I$;j 代表第 1 等级的应急物资储备库(实证中指乡镇级应急物资储备库),J 表示第 1 等级应急物资储备库的全体,有 $j \in J$;k 代表第 2 等级应急物资储备库(实证中指区级应急物资储备库),K 表示第 2 等级应急物资储备库的全体,有 $k \in K$;p_l 指需建设的低等级应急物资储备库的数目,p_h 指需建设的高等级应急物资储备库的数目;a_i 表示村庄 i 的人口数量;r_i 表示村庄受灾易损性 i 的参数;m_j 指第 j 个城镇下辖的村庄个数;d_{ij} 是指村庄 i 乡镇级应急物资储备库 j 的距离,d_{jk} 是指乡镇级应急物资储备库 j 与区级应急物资储备库 k 之间的距离;d_{ijk} 为应急需求点 i 经由低等级应急物资储备库 j 至高等级应急物资储备库 k 的距离。g_{ij} 表示应急需求点 i 由低等级应急物资储备库 j 服务时的需求满意度,有:

$$g_{ij} = 1 - \frac{d_{ij} - \min\{d_{ij}\}}{\max\{d_{ij}\} - \min\{d_{ij}\}} = \frac{\max\{d_{ij}\} - d_{ij}}{\max\{d_{ij}\}} \tag{5-1}$$

g_{jk} 意指 k 高级应急物资储备库为第 j 个超级节点服务时,第 j 个超级节点的需求满意度,有:

$$g_{jk} = 1 - \frac{d_{jk} - \min\{d_{jk}\}}{\max\{d_{jk}\} - \min\{d_{jk}\}} = \frac{\max\{d_{jk}\} - d_{jk}}{\max\{d_{jk}\}} \tag{5-2}$$

g_{ijk} 为应急需求点 i 由高等级应急物资储备库 k 下辖的低等级应急物资储备库 j 提供服务所带来的满意程度,计算公式为:

$$g_{ijk} = 1 - \frac{d_{ijk} - \min\{d_{ijk}\}}{\max\{d_{ijk}\} - \min\{d_{ijk}\}} = \frac{\max\{d_{ijk}\} - d_{ijk}}{\max\{d_{ijk}\}} \tag{5-3}$$

三、具体模型

依据假设,对马尔诺夫、色拉(2001)提出最大覆盖等级选址进行改进,构建如下模型:

$$\max Z = \sum_{i \in I} \sum_{j \in J} \sum_{k \in K} a_i r_i g_{ijk} x_{ijk} \tag{5-4}$$

s.t.

$$\sum_{j \in J} \sum_{k \in K} x_{ijk} \leq 1 ; \forall i \tag{5-5}$$

$$x_{ijk} \leq y_{jk} ; \forall i, j, k \tag{5-6}$$

$$y_{jk} \leq z_k ; \forall j, k \tag{5-7}$$

$$y_{jk} \leq w_j ; \forall j, k \tag{5-8}$$

$$\sum_{k \in K} y_{jk} \leq 1 ; \forall j \tag{5-9}$$

$$\sum_{j \in J} w_j = p_l \tag{5-10}$$

$$\sum_{k \in K} z_k = p_h \tag{5-11}$$

$$x_{ijk}, w_j, z_k, y_{jk} = 0, 1; \forall i, j, k \tag{5-12}$$

目标函数式(5-4)使居民应急救助整体满意程度最大。约束条件中,式(5-5)实现每一应急需求点仅由一设施点覆盖。式(5-6)—式(5-8)保证应急需求点只有被高一级应急物资储备库及其下辖的低级应急物资储备库覆盖时,才能取值为1。式(5-9)中意指某一低级应急物资储备库只能由一个高级应急物资储备库覆盖。式(5-10)、式(5-11)分别保证待建设设施点数目为预定数目。式(5-12)为同调性约束;式(5-13)保证 x_{ijk}、w_j、z_k、y_{jk} 为0-1变量。

式中,x_{ijk} 为需求变量,当需求点 i 被低等级设施 j 和高等级设施 k 服务时,取值为1;否则为0。y_{jk} 为设施配置变量,当低等级设施点 j 受到高等级设施点 k 覆盖时,取值为1;否则为0。w_j 为设施配置变量,低等级设施点配置在 j 点时,取值为1;否则为0。z_k 为设施配置变量,高等级设施点配置在 k 点时,取值为1;否则为0。

依据假设(6)可知,表5.1中第0层的居民应急需求只能通过其上级乡镇级应急物资储备库得到满足,因此各村庄居民点与其上一级(第1层)乡镇应急物资储备库可看作一个整体,称为超级节点(supernode)。对于第 j 个城市,可代表第 j 个超级节点,其总需求满意程度为:$\sum_{i=1}^{m_j} a_i r_i g_{ij}$。

因此,原问题就转化为超级节点与第2层高级应急物资储备库的空间联系优化问题,模型简化为:

$$\max \sum_{j \in J} \sum_{k \in K} \left(\sum_{i \in I}^{m_j} a_i r_i g_{ij} \right) g_{jk} y_{jk} \tag{5-13}$$

s.t.

$$\sum_{k \in K} y_{jk} \le 1; \forall j \qquad\qquad (5-14)$$

$$y_{jk} \le z_k; \forall j,k \qquad\qquad (5-15)$$

$$\sum_{k \in K} z_k = p_h \qquad\qquad (5-16)$$

$$y_{jk}, z_k, = 0,1; \forall j,k \qquad\qquad (5-17)$$

需要说明的是,考虑到第 2 层设施与第 1 层设施等级性的差异,为

了在 g_{jk} 和 g_{ij} 取值上得以体现,取 $\dfrac{g_{jk}}{g_{ij}} = \dfrac{\max\{d_{jk}\}}{\max\{d_{ij}\}}$,即 g_{jk} 为 g_{ij} 的

$\dfrac{\max\{d_{jk}\}}{\max\{d_{ij}\}}$ 倍。

四、算法分析

由于模型仍属于最大覆盖问题,是 NP-hard 问题。对于大型的此类问题的求解,精确算法以及一般的商业优化软件无能为力,只能借助于启发式或近似算法来求得其近似解。笔者这里基于贝尔曼、德雷兹纳(Berman、Drezner,2006)提出的算法与模拟退火法相结合,完成模型求解。分为两个阶段,分别为:

第一阶段:已选定设施点集合 P 的需求满意最大化启发式算法,具体步骤如下:

第一步:初始化各参数。对 a_i 、h_i 、k 赋值,根据所测得的需求点至应急物资储备库距离矩阵,求得 g_{ijk} 值(由于本章考虑到了城市应急物资储备库的已有和新建两种状态,因此 g_{ijk} 又可分为 g_{ijk}^{Pr} 和 g_{ijk}^{Ne})。

第二步:对任一需求点 i ,计算其被各应急物资储备库服务时的各 $a_i h_i g_{ijk}$ 值,比较各应急物资储备库对应的 $a_i h_i g_{ijk}$ 值,取其最大者对应应急物资储备库(设为 j),并验证约束条件式,如满足,则令 $x_{ijk} = 1$;如不

满足,则取 $a_ih_ig_{ijk}$ 为第二大的应急物资储备库(设为 j')。再次验证约束条件,如满足,则令 $x_{ij'k}=1$,其他 $x_{ijk}=0$;如不满足,则以此类推。

第三步:重复第二步,直至所有的需求点都完成第二步。

第二阶段:利用模拟退火算法(Kirkpatrick、Gelatt、Vecchi,1983)确定设施点集合 P 的启发式算法,基本步骤如下。

第一步:已有设施点设个数为 p^{Pr},构成集合 P^{Pr},显然 P^{Pr} 为已知。在候选新建设施点集合 P^N 中随机选择 p^{Ne} 个新建设施点,构成集合 P^{Ne},由 P^{Pr} 和 P^{Ne} 构成集合 P,利用 Vogel 配置算法,配置各需求点,计算目标函数值 $F(P)$,作为当前最好解。设置初始点温度 $T=T_0$,迭代次数为 0。

第二步:在 P^{Ne} 中随机选一设施点 $j(j\in P)$,同时,在 P^N 选择一设施点 $j'(j'\notin P)$,移出 j,移入 j',构成集合,定义为 P'。

第三步:通过前面设计的配置启发式算法,计算目标函数 $F(P')$ 的值。

第四步:$F(P')\geqslant F(P)$ 时,使 $P=P'$,接受本次移动,转至第六步。

第五步:如果 $F(P')<F(P)$,计算 $\delta=[F(P)-F(P')]/T$,如果有 $\delta\geqslant e^{-\delta}$,则接受移动,令 $P=P'$,转向第六步;如不接受移动,保持原有 P,转向第七步。

第六步:把当前解代入 $F(P')$,如有必要,更新最好解。

第七步:逐一增加迭代次数,用 T 乘以 f,如果迭代次数超过 L,迭代终止,以最好解作为算法的解,否则返回第二步。

根据翁和贝斯利(1990)的大量实验结果,这里取 $n\leqslant 300$,$T_0=0.1$,$N=250n\sqrt{p}$,$f=1-5/N$。

综合上述两个阶段,根据所得到 x_{ijk} 的值,确定应急物资储备库服务的需求点、服务半径,从而得到本章的优化配置结果。

第三节 实证结果分析

一、实证区概况

北京市房山区位于 $115°25'$—$116°15'E$、$39°30'$—$39°55'N$,总面积 2019 平方千米,是京郊大区。北京市将房山区定位成未来西南的经济重心、现代农业和制造业的主要载体,中心区产业、人口的重要疏散区域。房山区突发公共事件具有种类多、成因复杂、难处置等特点(陆相林等,2011),应急管理任务艰巨。低温冷冻、大风、冰雹、冰雪等气象灾害以及地质灾害、地震灾害、生物灾害是房山区的主要自然灾害。安全生产事故、危险化学品事故、重特大传染病疫情、重特大动物疫情、重特大群体性事件、重大危险源事故及爆炸事故等灾害是主要的人为致灾因素。房山区专业队伍力量较弱,设备不足,应急物资储备库建设极为必要。

截至 2013 年年底,房山区全区常住人口 101 万人。共辖 28 个乡、镇、街道办事处,其中,街道办事处 8 个、建制镇 14 个、建制乡 6 个,共有 124 个居委会、459 个村委会。然而,据房山区统计惯例,常对城关街道、拱辰街道等 25 个乡镇级单位进行年度统计,结合假设(6),本章确定房山区 25 个乡镇级应急物资储备库个数为 25 个。根据假设(7),房山区一些交通、区位条件优越,经济地位突出的乡镇需要配置区级应急物资储备库。

二、网络等级优化依据

结合《中华人民共和国突发事件应对法》的要求,所建模型适用《中华人民共和国国家突发公共事件总体应急预案》中Ⅲ级(较大)和Ⅳ级(一般)突发公共事件的应对,同时本配置也会对Ⅰ级(特别重大)、Ⅱ级(重大)突发公共事件起到协助配合作用。配置中的距离用公路行车距离表示,北京灵图软件技术有限公司致力于中国的LBS(定位信息服务)与数字城市(区域)建设,该公司的我要地图网网站与谷歌网站的地图功能相似,但设计上更贴合中国国情,可提供我国村级单位之间的测距,且结果较为准确。本章数据由我要地图网网站的测距功能测得,篇幅所限,具体数据略。

三、储备库个数确定

根据陆相林等(2011)确定的房山区区级应急物资储备库个数为8个。

四、等级优化结果

利用人工智能算法——蚁群算法求解,求得如下等级优化配置结果(见表5.2)。

由表5.2中第1列可知,考虑行政限制条件下的房山区应急物资储备库等级配置,房山区如果在25个乡镇、街道、办事处中选8个建设区级应急物资储备库,选择的单位为:城关街道、拱辰街道、琉璃河镇、长沟镇、张坊镇、佛子庄乡、史家营乡、燕山地区。

由表5.2第2列可以得出各区级应急物资储备库服务的乡镇、覆盖半径以及最远服务乡镇。例如,落在城关街道服务范围内的乡级单位为城关街道、周口店地区、石楼镇,覆盖半径为 5.7 千米,最远服务乡镇为石楼镇。其他区级应急物资储备库的服务情况详见表 5.2,不再赘述。

由表 5.2 第 3 列显示房山区 25 个乡镇应急物资储备库的配置情况。表 5.2 第 4 列可以得出各乡镇级应急物资储备库服务的村庄、覆盖半径以及最远服务村庄。

表 5.2 房山区应急物资储备库的等级配置结果

第 2 层级(区级储备库)		第 1 层级(乡镇级储备库)	
区级储备库选择	服务下级单位/覆盖半径/最远服务单位	乡镇级储备库选择	服务需求点/覆盖半径/最远服务单位
城关街道区级储备库	城关街道、周口店地区、石楼镇/5.7 千米/石楼镇	城关街道乡镇级储备库	顾册村、北市村、东坟村、定府辛庄村、东瓜地村、田各庄村、瓜市村、马各庄村、饶乐府村、丁家洼村、羊头岗村、八十亩地村、前朱各庄村、后朱各庄村、洪寺村、塔湾村、迎风坡村、东街村、南街村、南关村、西街村、北关村/9.9 千米/八十亩地村
		周口店地区乡镇级储备库	南韩继村、瓦井村、新街村、大韩继村、辛庄村、周口村、云峰寺村、周口店村、娄子水村、拴马庄村、黄院村、龙宝峪村、黄山店村、黄元寺村、涞沥水村、泗马沟村、北下寺村、葫芦棚村、长流水村、山口村、官地村、良各庄村、周口店镇西庄村、车厂村/17.7 千米/涞沥水村
		石楼镇乡镇级储备库	石楼村、吉羊村、二站村、双孝村、支楼村、杨驸马庄村、襄驸马庄村、大次洛村、坨头村、双柳树村、梨园店村、夏村/6.3 千米/夏村

续表

第2层级（区级储备库）		第1层级（乡镇级储备库）	
区级储备库选择	服务下级单位/覆盖半径/最远服务单位	乡镇级储备库选择	服务需求点/覆盖半径/最远服务单位
拱辰街道区级储备库	拱辰街道、西潞街道、良乡地区、阎村镇、长阳镇、青龙湖镇、新镇街道/9.7千米/长阳镇	拱辰街道乡镇级储备库	二街村、四街村、五街村、南关村、东关村、后店村、吴店村、黄辛庄村、渔儿沟村、大南关村、纸房村、常庄村、徐庄村、梨村、于管营村、东羊庄村、梅花庄村、辛瓜地村、小西庄村、南广阳城村/6.7千米/梨村
		西潞街道乡镇级储备库	詹庄村、安庄村、固村、太平庄村、南上岗村、东闾村、苏庄村/4.3千米/安庄村
		良乡地区乡镇级储备库	南刘庄村、西石羊村、后石羊村、东石羊村、张谢村、江村、侯庄村、下禅房村、刘丈村、南庄子村、邢家坞村、官道村、小营村、鲁村、黑古台村、富庄村/10.1千米/南庄子村
		阎村镇乡镇级储备库	大紫草坞村、小紫草坞村、前沿村、后沿村、张庄村、公主坟村、北坊村、南坊村、吴庄村、焦庄村、大董村、小董村、西坟村、开古庄村、南梨园村、二合庄村、大十三里村、小十三里村分、后十三里村、肖庄村、元武屯村、炒米店村/12.7千米/肖庄村
		长阳镇乡镇级储备库	长阳第一村、长阳第二村、篱笆房第一村、篱笆房第二村、黄管屯村分、哑叭河村、北广阳城村、水碾屯第一村、水碾屯第二村、军留村、张家场村、牛家场村、保合庄村、杨庄子村、长营村、马厂村、高岭村、稻田第一村、稻田第二村、稻田第三村、稻田第四村、稻田第五村、高佃第一村、高佃第二村、高佃第三村、高佃第四村、大宁村、温庄子村、独义村、朱岗子村、闫仙垡村、葫芦垡村、夏场村、佛满村、赵庄村、公议庄村、西场村/14.2千米/西场村
		青龙湖镇乡镇级储备库	晓幼营村、西石府村、常乐寺村、北四位村、南四位村、焦各庄村、小苑上村、青龙头村、崇各庄村、豆各庄村、庙耳岗村、崇辛庄村、芦上坟村、大苑村、北刘庄村、大马村、小马村、果各庄村、西庄户村、岗上村、坨里村、上万村、北车营村、辛开口村、漫水河村、南观村、口头村、沙窝村、大苑上村、马家沟村、下水峪村、石梯村/12.4千米/南观村
		新镇街道乡镇级储备库	新镇街道/0千米/新镇街道

第2层级（区级储备库）		第1层级（乡镇级储备库）	
区级储备库选择	服务下级单位/覆盖半径/最远服务单位	乡镇级储备库选择	服务需求点/覆盖半径/最远服务单位
琉璃河地区区级储备库	琉璃河地区、窦店镇、韩村河镇/6.8千米/韩村河镇	琉璃河镇乡镇级储备库	琉璃河镇二街村、琉璃河镇三街村、李庄村、白庄村、扬户屯村、周庄村、福兴村、平各庄村、北洛村、南洛村、古庄村、祖村、北章村、兴礼村、庄头村、立教村、董家林村、刘李店村、洄城村、黄土坡村、东南召村、西南召村、东南吕村、西南吕村、保兴庄村、路村、南白村、北白村、八间房村、薛庄村、石村、常舍村、西地村、务滋村、赵营村、任营村、万里村、肖场村、窑上村、大陶村、小陶村、官庄村、贾河村、鲍庄村、辛立庄村、五间房村、韩营村/30.3千米/肖场村
		窦店镇乡镇级储备库	窦店村、白草洼村、芦村、板桥村、西安村、田家园村、瓦窑头村、苏村、于庄村、下坡店村、七里店村、望楚村、交道一街村、交道二街村、交道三街村、交道后街村、小高舍村、大高舍村、丁各庄村、刘平庄村、袁庄村、六股道村、普安屯村、兴隆庄村、辛庄户村、两间房村、前柳子村、陈家房村、北柳子村、河口村/13.5千米/北柳子村
		韩村河镇乡镇级储备库	东营村、赵各庄村、西营村、小次洛村、韩村河村、西东村、曹章村、七贤村、潘家庄村、郑庄村、崇义村、五侯村、岳各庄村、尤家坟村、东南章村、西南章村、龙门口村、二龙岗村、皇后台村、天开村、东周各庄村、西周各庄村、上中院村、下中院村、孤山口村、圣水峪村、罗家峪村/19.1千米/圣水峪村
长沟镇区级储备库	长沟镇、大石窝镇/7.7千米/大石窝镇	长沟镇乡镇级储备库	南正村、北正村、双磨村、南良各庄村、北良各庄村、东良各庄村、东长沟村、西长沟村、太和庄村、沿村、坟庄村、东甘池村、南甘池村、北甘池村、西甘池村、六甲房村、三座庵村、黄元井村/6.7千米/三座庵村
		大石窝镇乡镇级储备库	王家磨村、蔡庄村、下滩村、郑家磨村、土堤村、镇江营村、塔照村、南尚乐村、北尚乐村、南河村、惠南庄村、广润庄村、大石窝镇辛庄村、石窝村、半壁店村、独树村、岩上村、下营村、高庄村、前石门村、后石门村、下庄村、三岔村、水头村/11.1千米/三岔村

续表

第2层级（区级储备库）		第1层级（乡镇级储备库）	
区级储备库选择	服务下级单位/覆盖半径/最远服务单位	乡镇级储备库选择	服务需求点/覆盖半径/最远服务单位
张坊镇区级储备库	张坊镇、十渡镇、蒲洼乡/38.1千米/蒲洼乡	张坊镇乡镇级储备库	大峪沟村、北白岱村、蔡家口村、东关上村、三合庄村、瓦沟村、千河口村、穆家口村、广禄庄村、南白岱村、西白岱村、史各庄村、张坊村、片上村、下寺村/14.7千米/东关上村
		十渡镇乡镇级储备库	平峪村、北石门村、西石门村、前头港村、西河村、西庄村、九渡村、八渡村、十渡村、马安村、卧龙村、六合村、东太平村、西太平村、新村、西关上村、六渡村、七渡村、五合村、栗元厂村、王老铺村/11.3千米/王老铺村
		蒲洼乡乡镇级储备库	鱼斗泉村、芦子水村、东村村、宝水村、蒲洼村、富合村、森水村、议合村/30.3千米/鱼斗泉村
佛子庄乡区级储备库	河北镇、霞云岭乡、南窖乡、佛子庄乡、大安山乡/34千米/霞云岭乡	河北镇乡镇级储备库	磁家务村、万佛堂村、半壁店村、黄土坡村、三福村、河东村、东庄子村、檀木港村、三十亩地村、东港村、李各庄村、河北村、河南村、北辛庄村、南道村、杏园村、口儿村、他窖村、南车营村/9.7千米/南车营村
		霞云岭乡乡镇级储备库	堂上村、大地港村、四马台村、龙门台村、庄户台村、王家台村、石板台村、四合村、霞云岭村、三流水村、大草岭村、上石堡村、北直河村、下石堡村、银水村/24千米/堂上村
		南窖乡乡镇级储备库	花港村、中窖村、大西沟村、水峪村、南窖村、北安村、南安村、三合村/5.8千米/三合村
		佛子庄乡乡镇级储备库	陈家台村、东班各庄村、西班各庄村、陈家坟村、北峪村、黑龙关村、佛子庄村、红煤厂村、北窖村、下英水村、中英水村、上英水村、西安村、查儿村、长操村、山川村、贾峪口村、石板房村/21.5千米/石板房村
		大安山乡乡镇级储备库	大安山村、西苑村、寺尚村、赵亩地村、宝地洼村、瞧煤涧村、中山村、上水峪村/7.7千米/上水峪村

续表

第2层级（区级储备库）		第1层级（乡镇级储备库）	
区级储备库选择	服务下级单位/覆盖半径/最远服务单位	乡镇级储备库选择	服务需求点/覆盖半径/最远服务单位
史家营乡区级储备库	史家营乡/0千米/史家营乡	史家营乡乡镇级储备库	鸳鸯水村、柳林水村、杨林水村、青林台村、秋林铺村、莲花庵村、曹家坊村、史家营村、大村涧村、西岳台村、青土涧村、金鸡台村/14.1千米/鸳鸯水村
燕山地区区级储备库	燕山地区/0千米/燕山地区	燕山地区乡镇级储备库	燕山地区

注：由于假设需求点和设施点都在乡镇级政府机关所在地选取，表中覆盖半径为0指该储备库只为其自身所在乡镇级单位服务。

五、等级优化结果分析

基于表5.2，结合原始数据和上述分析可知，通过本章构建的优化配置模型，北京市房山区8个区级应急物资储备库和25个乡镇级应急物资储备库，形成了层次分明、分布均衡的空间布局。以应急物资储备库为中心的服务区域结构较为紧凑，形成了以储备库为中心的乡镇、村庄组团结构。储备库的这种空间均衡配置有利于房山区应急资源的有效调度与合理配置，实证了本章所建模型的合理性。

六、相关建议

第一，要重视房山区应急物资储备库建设中的等级特征，实现区级应急物资储备库重点布局，乡镇级应急物资储备库普及布局（响应北京市政府号召，争取每一乡镇布局1处）。

第二，要均衡布局房山区区级应急物资储备库，实现其等级布局建设的合理性。既要在房山区的较大社区等人口集中的区域建设（如城关街道、拱辰街道、燕山区等），也要在应急救助区位优越的乡镇（如琉璃河地区、长沟镇、张坊镇、佛子庄乡、史家营乡等)加快建设,做到突发公共事件的有备无患,将房山区可能的灾害损失降到最低。

第三,结合房山区发展规划,要加强与房山区应急物资储备库相关的配套设施建设与活动开展。应保证区、县及以上等级公路设施与房山区应急物资储备库相通。以房山区应急物资储备库为中心,建立乡镇、村级应急物资储备体系,并开展体系内的交流、协作活动。

第四,要注意应急物资储备库建设的协调性。要使房山区应急物质储备库融入居民的实际生产生活,与房山区发展规划相协调;融入北京市应急管理体系,与北京市的建设相协调。

第五,房山区应急物资配置中,应坚持"平战结合、因地制宜"原则。要考虑平时物资储备与战时(突发事件下)物资储备的合理比例,并对储备物资按规定时间及时更新。要综合考虑房山区各地区、街道、乡、镇的灾害风险程度、自然环境条件、实际人口密度等,对储备物资进行科学配置,达到资源的有效利用和灾害的有效防范。

小　　结

本章提出了城市应急物资储备库等级选址问题并构建模型,厘清了城市应急物资储备库等级配置的三级优化思路。结合房山区的需要,完成了房山区8个区级应急物资储备库的优化选址,并实现8个区级应急物资储备库与25个乡镇应急物资储备库的空间联系优化,提出相关建议。成果对我国城市应急设施优化选址与配置,乃至城市的防灾规划有一定的指导意义,可为其提供定量分析思路与方法,增加了相关工作的科学性。此外,城市应急公共设施中,除了应急物资储备库外,消防设施、急救中心、避难场所建设也是当前政府和学者关注的焦点,本章成果也能为之提供一定的借鉴依据。

需要讨论之处为:首先,本章仅考虑应急物资储备库存在等级情景下的优化配置问题,缺乏不考虑等级和考虑等级两种情景下的优化效果对比,此方面可以作进一步的研究。其次,本章仅考虑了效率准则下(最大覆盖等级设施选址准则下)的城市应急物资储备库等级优化配置问题,因此,拓展的另一思路就是考虑公平准则下的(如最小方差、基尼系数最小、权重距离方差最小原则等)的城市应急物资储备库等级优化配置问题。最后,等级选址问题的算法求解问题一直是激发学者研究兴趣的重要领域,对超级节点算法的合理性及其进一步优化的探讨也值得期待。

第六章 均等化视角下的城市应急物资储备库网络优化模型与实证研究

　　效率是管理与决策科学考虑的核心问题,在设施选址问题研究中,时常需要追求服务、资源等配置的高效性。第三、四、五章主要从提高城市应急公共服务设施的效率视角进行研究。然而,在很多情况下,特别是在公共设施选址问题中,效率准则并不是唯一准则,公平性准则也是一条非常重要的准则。推进基本公共服务均等化,全面提高人民生活水平,是实现全面建成小康社会目标的一项重要内容。2017 年 3 月 1 日,国务院发布了《"十三五"推进基本公共服务均等化规划》,从社会服务、社会保险、公共教育、医疗卫生、公共文化体育、劳动就业创业、住房保障、残疾人服务等各民生领域列出了基本公共服务清单,为相关领域的公共服务均等化发展提出了总的目标和要求。公共服务设施是实现新型城镇化公共服务均等化目标和要求的最重要载体,其规划与配置状况直接影响城市发展水平和居民生活质量。围绕推进基本公共服务均等化,我国各级各类基本公共服务设施建设不断完善,国家基本公共服务项目和标准正在全面落实,保障能力和群众满意度进一步提升。但与此同时,还存在规模不足、质量不高、服务水平差异较大、发展不平衡、设施不足和利用不够并存、一些服务项目存在覆盖盲区等"短板"。如何采用定性或定量方法对公共服务设施的均等化标准、均等化布局进行研究,使其合乎基本公共服务均等化的目标? 如何满足不同地区居民对基本公共服务的不同需求? 如何做到远近兼顾,从而实现公共服务的最优化配置和高效使用? 因此,基于空间和公共设施视角,引入设施选址理论中的公平设施选址模型,实现城市应急物资储备库配置的均等化目标极具学术和实践意义。

本章基于国内有关设施选址公平问题研究成果很少的现实,梳理国内外公平选址研究的主要脉络,认为公平设施选址目标与我国提出的公共服务均等化目标具有等同性,引入公平设施选址方法解决公共服务均等化视角下的应急物资储备库网络优化问题极为合理。因此,构建了相对较易求解的设施选址公平问题的线性整数规划模型,并给出求解的拉格朗日松弛启发式算法,并结合石家庄市市区应急物资储备库问题进行实证分析。

第一节　研究进展与问题提出

一、公平选址研究进展

尽管公平是决策制定中的关键准则之一,然而自从韦伯斯特(Webster)明确界定"公平"(equity)即指"正直、公正、正义"(fairness、impartiality、justice)以来,有关如何实现公平问题学者仁者见仁、智者见智。社会学家、社会心理学家、法学家、经济学家、地理学家、公共管理人员和管理科学学者从不同视角,对什么是公平和如何实现公平的问题进行了相关研究。

由于文章所构建的模型属于公平准则下的设施选址模型,主要对设施选址中的公平问题进行探讨,主要考虑离散点的设施选址问题,因此首先对设施选址的公平问题研究进行简单的综述。

一般认为,墨菲斯、塞利、沃尔伯特(Mumphreys、Seley、Wolpert,1971),米克利斯特(McAllister,1976),塞沃斯(Savas,1978)是设施选址中公平问题的最早研究者,但有关如何衡量设施选址中的公平性,他们的成果并没有达成统一的认识。国外学者有关设施选址公平性的研究,主要沿两个主线进行(Marsh、Schilling,1994)。

第一条主线是讨论什么是公平,公平准则具有哪些特征,由此产生的文献相当多,如迈蒙(Maimon,1986)提出了公平准则中的方差原则,并对单设施树状网络选址的公平问题进行了研究,穆里干(Mulligan,1991)、曼德尔(Mandell,1991)则提出了更多的公平准则,伊克鲁特(Erkut,1992)则从公平的反面——不公平(inequity)角度进行了相关研究;玛斯、塞玲(Marsh、Schilling,1991;1992;1994),对设施选址问题中的公平准则与主要模型进行了综述,并作了进一步的拓展。米萨、普尔托、泰米尔(Mesa、Puerto、Tamir,2003)则对公平准则下网络设施选址问题模型与算法进行了综述。

第二条主线是为公平准则下的设施选址问题提供有效的算法。第二条主线是学者当前研究的热点,相关研究成果很多,较为典型的有,德雷兹纳(2007)研究了带有公平性目标的平面性选址中的单个设施点的选址问题,并用"大三角小三角"进行了求解。普尔托、瑞卡、斯克扎瑞(2009)则对公平准则下的面状服务设施选址(extensive facility location problems)问题进行了研究。

国内方面,考虑设施选址公平性的研究成果很少,甚至对国外设施选址问题的公平性研究成果进行介绍的文献也没有。华晨、钱伟(2003)从经济学角度,研究了公共设施配置中的投资的公平性问题;陈雯、王远飞(2009)提出了城市公园区位分配公平性的评价指标与计算方法,并以上海外环线以内的区域为研究靶区,对上海公园选址分配的公平性进行了评价研究。

总结学者有关设施选址公平问题研究的特点为:(1)多研究平面上的设施选址公平问题,即假设需求点是离散的,而设施点可在其所在可行平面内任一位置选取(Baron、Berman O.、Krass D.,2007;Drezner T.、Drezner Z.、Guyse J.,2009),设施点与需求点之间距离一般用欧氏距离(euclidean distance)表示。(2)平面上的设施选址公平问题中,主要研究单个设施点的选址问题,如德雷兹纳(2007;2009)利用加权距离方差最小和基尼系数研究了平面上单个设施点的公平选址问题,并用BTST方法进行了求解。(3)研究离散网络上的多设施选址公平问题,此时需求点位于网络节点上,而设施点可以在网络节点上或者网络的弧上的任一点选取,如米萨、普尔托、泰米尔(2003)的成果,此情景下,设施点与需求点之间距离用网络距离表示,最小距离可用 flord 等方法求取。(4)由于公平问题的目标函数多为非线性目标函数,因此,研究更侧重于算法设计。(5)学者得出较为一致意见为,单设施选址公平问题中基尼系数最小准则较为有效(Drezner T.、Drezner Z.、Guyse,2009),多设施选址公平问题中加权距离方差最小准则较为有效(Mesa、Puerto、Tamir,2003)。

二、问题提出

结合以往设施选址公平问题研究的成果,提出以下问题:

(1)现实中人们往往要面临多设施选址问题,平面上的单设施选址公平问题研究不能满足现实需要。

(2)对离散点的选址问题进行研究更加符合现实需要。原因为,由于自然、社会条件限制,设施选址过程中不可能在平面上的任意位置选取。

(3)离散选址中,利用网络距离表示各点之间距离不太符合现实情况。原因为,在联系到国家、地区现实情景时,设施点与需求点的最小距离可能不是网络距离,而是其他距离。例如,非常规突发事件下,进行航空救助,此时,距离用欧氏距离表示较为合适;即使是公路救助,仍是努力实现直线距离或者接近直线距离,以缩短救助时间,而不像网络距离中要求的,必须要经过网络中的各结点。

(4)需要建立考虑公平问题的,反映国家、地区实际的多设施选址模型。

(5)需要考虑多设施选址公平问题的求解问题。

(6)以往学者多侧重于理论方法上的探讨,模型的验证多用仿真,较少联系国家、地区实际情况进行实证。

(7)设施选址公平问题与均等化问题本质上是一致的。"基本公共服务均等化"是党的十九大提出的新时代"两步走"战略中的重要目标。应急公共服务直接关系到全社会人民生命财产安全,是我国基本公共服务的内容之一。应急安全服务均等化,意味着全体公众无地域、收入等身份差别而获得机会、结果大致均等的应急公共服务,具体表现为享有应急公共服务机会均等和享有应急公共服务结果大体相等。也就是说,在应对灾害和突发事件中,每一个社会成员的人身和财产安全都能大致均等地得到保护,社会公众享受和参与应急安全服务的机会和效果均等。此理念与设施选址公平问题的优化目标本质上是一致的。

因此,本章将基于设施选址模型的公平选址模型,建立均等化视角下城市应急物资储备库网络优化模型。考虑均等化问题时,主要利用加权距离方差最小的公平原则(Berman、Kaplan,1990)来实现。在以往的设施选址模型与算法研究中,学者多侧重于理论方法上的探讨,模型的验证多用仿真,较少联系地区实际的情况,笔者将建立考虑公平性的城市应急公共服务设施选址模型,并以河北省石家庄市应急物资储备库网络优化为例进行实证,以达到理论联系城市应急管理实际的目的。

第二节　城市应急物资储备库 网络优化均等化问题

城市应急物资储备库网络优化的均等化问题涉及两类站点,一类是需求站点,文章中统称为需求点;另一类是服务站点,文章中统称为设施点。设施点与需求点的联系一般用距离或者时间来表示,为了简化分析且不失一般性,本章仅以距离为例进行分析。

一、问题假设

(1)假设需求和服务以点状产生,有多个需求点 i ,用 I 表示其全体;存在多个设施点 j ,用 J 表示其全体。(2)任意设施点与需求点的距离可通过调查或者计算得到。(3)假设各个需求点都在覆盖半径之内,覆盖半径用距离表示。在公共应急救助服务中,即使不考虑覆盖半径内的需求满意差异,这种假设也成立。因为在非常规突发公共安全事件中,如2008年中国汶川大地震以及2010年海地大地震,出于人道主义,全社会都会尽其全力进行救助,因此就可认为各个需求点都在覆盖半径之内。(4)假设各设施点的服务能力为无限大,也即各需求点总是得到离其最近的设施点的覆盖,并且其需求能够得以满足。当突发事件规模较小时,此假设显然可以得到满足。当然,如果在非常规突发事件下,此假设可以取消。(5)由于设施点建设与维护成本较高,故个数要有限制,设为 p 个。

二、符号定义

为了讨论分析的方便,进行如下的符号定义: m 指代需求点的总数; n 表示可供选择的设施点总数; p 指由于资源、资金限制,实际可选择修建的设施点数, $p \leqslant n$; a_i 为需求点 i 的人口数量; d_{ij} 是需求点 i 至设施点 j 的矩离; x_{ij} 是 0-1 变量,如果需求点 i 被设施点 j 覆盖,则取 1 值,否则,取 0 值; y_j 是 0-1 变量,如果候选设施点 j 被选择进行设施建设,则取 1 值,否则,取 0 值; $\overline{d_j}$ 为设施点 j 至所有需求点 i 的权重平均距离,有:

$$\overline{d_j} = \frac{\sum_{i=1}^{m} a_i d_{ij}}{\sum_{i=1}^{m} a_i}$$

三、建模思路

(1)确定公平准则。据前人研究成果(Maimon,1986;Savas,1978;

Mesa,Puerto,2003;Drezner T.、Drezner Z.,2007）提出的公平准则的研究基础上,确定了加权距离方差最小的公平准则。（2）计算或者调查得到各需求点至设施点的最短距离,用 d_{ij} 表示,构建距离矩阵。这里的距离可以是欧氏距离,也可以是行车距离、行车时间,或者网络距离等,这些距离在联系地区实际时,较容易调查得到。（3）根据所得距离矩阵,计算每一可选设施点至各需求点的加权平均距离,用 $\overline{d_j}$ 表示。（4）计算各需求点至设施点之间的加权距离,用 $a_i d_{ij}$ 表示;并用之减去每一可选设施点至各需求点的加权平均距离 $\overline{d_j}$,得到每一需求点至设施点的离差,对其平方,即 $(a_i d_{ij} - \overline{d_j})^2$;构建关于各设施点与需求点的加权离差平方的矩阵。（5）分析得到:加权距离方差最小的多设施选址问题,等价于确定 p 个设施点,使之服务于需求点,并使各个需求点至设施点的加权距离方差最小,从而得到模型的目标函数。（6）附加必要的约束条件,完成建模。

四、公平选址模型

笔者将建立考虑公平问题的,能够应用于国家、地区实际的均等化视角下城市应急物资储备库网络优化的公平选址模型。考虑公平问题时,主要利用加权距离方差最小的公平原则（Berman、Kaplan,1990;Drezner T.、Drezner Z.,2007）来实现。建立如下加权距离方差最小的线性整数规划模型:

$$\min \sum_{j=1}^{n} \sum_{i=1}^{m} a_i (d_{ij} - \overline{d_j}) x_{ij} \tag{6-1}$$

s.t.

$$x_{ij} \leqslant y_j; \forall i,j \tag{6-2}$$

$$\sum_{j=1}^{n} y_{ij} \geq 1; \forall i \tag{6-3}$$

$$\sum_{j=1}^{n} y_j = p \tag{6-4}$$

$$x_{ij} = 0,1; y_j = 0,1 \tag{6-5}$$

其中,目标函数式(6-1)使多设施选址公平模型的加权距离方差最小,从而达到设施选址的公平性。式(6-2)使选定的设施点 j 覆盖需求点 i。式(6-3)强化设施点的服务效率,保证每一个需求点至少有一个设施点提供服务。式(6-4)指定被选择的设施点数为 p。式(6-5)限制决策变量 x 和 y 为 0-1 整数变量。

五、算法分析

在模型求解中,如果不知需求点与设施点距离,最小加权距离方差准则下的多设施选址问题属非线性整数规划问题,是比 NP-hard 问题(Kariv、Hakimi,1979;Megiddo、Zemel、Hakimi,1983;Owen、Daskin,1998)更为复杂的问题,求解极为困难。因此,笔者在建立模型过程中,先求出(或调查出)需求点与设施点距离,从而把原有的非线性整数规划问题转化为线性整数规划问题。尽管线性整数规划问题属 NP-hard,但已有多种有效的启发式算法对之求解,本章将应用拉格朗日松弛算法对该问题进行求解。拉格朗日松弛算法在很多组合最优化问题中都有应用(Fisher,1981),该算法的求解质量可以通过拉格朗日松弛过程进行控制,所以在选址问题中也多有应用。本章是利用拉格朗日松弛启发式算法求解最小值问题,但与第五章中的利用拉格朗日松弛启发式算法求解最大值问题不同,调整后的基本步骤为:

第一步:初始化各参数。设 k 为迭代次数,有 $k \leftarrow 1$,目标函数值上

限 $UB \leftarrow +\infty$，目标函数值下限 $LB \leftarrow -\infty$，拉格朗日乘子初值 $\lambda_i^1 \leftarrow \bar{a} + \frac{1}{2}(a_i - \bar{a})$，$\forall i \in I$（$\bar{a}$ 为需求点人口平均值），初次迭代步长参数 $\alpha^k \leftarrow 2$。

第二步：求出 $a_i d_{ij}$、$\bar{d}_j$，进而求得 $\dfrac{\sum\limits_{j=1}^{n} \sum\limits_{i=1}^{m} (a_i d_{ij} - \bar{d}_j)^2}{\sum\limits_{i=1}^{m} a_i}$，$\forall i \in I, j \in J$。

第三步：求解拉格朗日松弛问题。寻找 p 个最小的 $V_j^k \leftarrow$

$$\sum_{i \in I} \min\left(0, \frac{\sum\limits_{j=1}^{n} \sum\limits_{i=1}^{m} (a_i d_{ij} - \bar{d}_j)^2}{\sum\limits_{i=1}^{m} a_i} - \lambda_i^k\right),$$ 将与其标号相同的 y_j 值设为 1，

再通过下式：

$$x_{ij} = \begin{cases} 1 & \text{如果 } y_j = 1, \text{并且} \left(\dfrac{\sum\limits_{j=1}^{n} \sum\limits_{i=1}^{m} (a_i d_{ij} - \bar{d}_j)^2}{\sum\limits_{i=1}^{m} a_i} - \lambda_i^k\right) < 0 \ ; \forall i \in I, \\ 0 & \end{cases}$$

$$j \in J \tag{6-6}$$

求出 x_{ij}^k，并计算上限值 Z_U^k。

第四步：通过式（6-7）：

$$\varphi_i = \max_{j \in J^*} \left(\frac{\sum\limits_{j=1}^{n} (a_i d_{ij} - \bar{d}_j)^2}{\sum\limits_{i=1}^{m} a_i}\right) ; \forall i \in I ; J^* = \{j \mid y_j = 1\} \tag{6-7}$$

找到加权距离方差公平选址问题的可行解，计算 Z_L^k。

第五步：更新加权距离方差公平选址问题最优值的上下限 UB 和

132

LB。$UB \leftarrow \min(UB, Z_U^k)$；$LB \leftarrow \max(LB, Z_L^k)$。

第六步:更新步长参数 α^k,若 UB 连续 4 次迭代都没有改善,则令 $\alpha^k \leftarrow \alpha^k/2$。

第七步:更新拉格朗日乘子。其中,第 k 步长 t^k 式为:

$$t^k = \frac{\alpha^k(Z_U^k - LB)}{\sum_{i \in I}(1 - \sum_{j \in J} x_{ij}^k)^2} \tag{6-8}$$

拉格朗日乘子公式为:

$$\lambda_i^{k+1} = \max\left\{0, \lambda_i^k - t(1 - \sum_{j \in J} x_{ij}^k)\right\}；\forall i \in I \tag{6-9}$$

第八步:判断是否达到程序终止条件。如果下面四个条件任何一个成立则结束程序,输出结果,(1) $\sum_{j \in J} x_{ij}^k = 1, \forall i \in I$;(2) $UB - LB \leq$ 0.3;(3) $t^k \leq 0.0001$;(4) $k = 400$。

第九步:更新迭代次数。$k \leftarrow k + 1$,转至第三步。

第三节　基于均等化公平选址模型的石家庄市区 已有应急物资储备库网络功能优化

一、实证背景

《国家综合防灾减灾规划(2016—2020 年)》提出,要建成中央、省、市、县、乡五级救灾物资储备体系,形成多级救灾物资储备网络,形成全覆盖能力。

"基本公共服务均等化"是我党在十九大提出的新时代"两步走"战略安排中"第一步走"的重要目标,也是我国全面建成小康社会的重要任务。应急公共服务是社会公共安全服务的重要组成部分，直接关系到全社会人民生命财产安全，是我国稳定与发展的基础性保障条件之一。提升城市应急公共服务水平，全方位促进城市应急公共服务均等化，共建公共安全体系，是全面提高城市化质量、保障人民生命财产安全和国家社会和谐稳定的重中之重。

应急安全服务均等化，意味着全体公众无地域、收入等身份差别而获得机会、结果大致均等的应急公共服务，具体表现为享有应急公共服务机会均等和享有应急公共服务结果大体相等。也就是说，在应对灾害和突发事件中，每一个社会成员的人身和财产安全都能大致均等地得到保护，社会公众享受和参与应急安全服务的机会和效果均等。

为加强各类储备资源统筹，科学合理规划全省应急物资和救灾物资储备库布局，有效提高物资储备工作针对性和有效性，2020年8月河北省应急管理厅、河北省粮食和物资储备局、河北省应急物资供应中心对石家庄市应急物资储备库和救灾物资储备库建设工作进行了联合调研，实地察看了行唐县、元氏县、高邑县和石家庄市救灾物资储备库，了解县级应急物资和救灾物资储备现状及应急和救灾物资储备库建设工作等情况，发现：由于机构改革尚未完全到位，应急体系各项体制机制亟须理顺完善，而应急物资储备库建设相对滞后，各类应急物资储备比较分散，品类少，数量不足，亟须规划统一。此后，石家庄市提出，将以此次调研为契机，积极谋划，推进应急和救灾物资管理体系机制建设，建立健全物资储备能力，切实提高全市应急和救灾物资保障水平，为科学高效开展应急救助奠定物质基础。

本章将以石家庄市为实证区域，对均等化视角下的城市应急物资储备库网络优化模型进行实证分析。以往的设施选址模型与算法研究中,学者多侧重于理论方法上的探讨,模型的验证多用仿真,较少联系地区实际的情况,本节将基于公平准则,基于服务于石家庄市角度,对各应急物资储备库确立依据进行定量分析,并提出功能优化建议。

二、实证区域概况

实证区域仍选择石家庄市,其概况详见本书第二章第三节。石家庄市区现有国家物资储备库情况如表6.1所示。由于国家物资储备库已经存在,分别为国家粮食和物资储备局一三三处、国家粮食和物资储备局一三五处、国家粮食和物资储备局一五零处,因此,可构建基于均等化公平选址模型的石家庄市区已有应急物资储备库网络功能优化模型进行实证分析。

表 6.1　石家庄市国家物资储备库分布

序号	名称	位置
1	国家粮食和物资储备局一三三处	鹿泉区龙泉路 56 号
2	国家粮食和物资储备局一三五处	平安南大街东平路 8 号
3	国家粮食和物资储备局一五零处	井陉县

资料来源:河北省粮食和物资储备局网站。

三、具体模型

构建的模型是对"均等化视角下城市应急物资储备库网络优化的公平选址模型"[见本章中式(6-1)—式(6-5)]的改进,主要对式(6-5)加以改进,由于考虑到应急物资储备库已经存在,故有式(6-6)成立,也即有 $Y_j = 1$,因此得"均等化视角下的城市已有应急物资储备库网络功能优化模型"如下:

$$\min \sum_{j=1}^{n} \sum_{i=1}^{m} a_i (a_i d_{ij} - \overline{d_j}) x_{ij} \qquad (6\text{-}10)$$

s.t.

$$x_{ij} \leq y_j; \forall i,j$$

$$\sum_{j=1}^{n} y_{ij} \geq 1; \forall i$$

$$\sum_{j=1}^{n} y_j = p$$

$$x_{ij} = 0,1; y_j = 1$$

式中,其他数式含义同前文的基本模型,约束式(6-10)限制决策变量 y 为整数1常量。

利用基于均等化公平选址模型的石家庄市区已有应急物资储备库网络功能优化模型,对石家庄市现有应急物资储备库进行优化配置。石家庄市各区县代表应急物资需求点,应急物资储备库与需求点之间距离用公路交通距离表示,据我要地图网网站的测距功能测得已有三个大型避难场所至石家庄市22个区、县(市)的距离(见表6.2)。

表6.2 石家庄市国家物资储备库至石家庄22个区、县(市)距离矩阵

区、县(市)	人口数量 (万人)	国储一三三处 (千米)	国储一三五处 (千米)	国储一五零处 (千米)
长安区	83.55	23.9	5.7	45
桥西区	85.44	17.1	4.8	38.3
新华区	71.5	15	5	36.2
裕华区	57.61	25.8	7.6	46.9
井陉矿区	10.07	31.7	49.3	11.1
井陉县	31.67	23	40.6	0
正定县	49.98	27.7	14.5	50.6
栾城区	36.23	40.7	24.5	61.9
行唐县	41.76	52.1	55.2	74.6

续表

区、县（市）	人口数量 （万人）	国储一三三处 （千米）	国储一三五处 （千米）	国储一五零处 （千米）
灵寿县	34.05	30.4	39.1	52.9
高邑县	19.14	65.9	53.2	87.1
深泽县	25.4	85.4	74.8	114.7
赞皇县	25.28	61.6	53.8	75.4
无极县	51.85	65.4	52.2	88.3
平山县	44.47	26.8	46.1	33.8
元氏县	43.58	47.4	34.7	62
赵县	59.23	60.5	44.3	81.7
辛集市	63.7	87.9	69.2	109.1
藁城区	79.01	51.5	32.8	72.7
晋州市	55.26	67.9	49.2	89
新乐市	51.2	52.5	39.2	75.3
鹿泉区	47.8	0	19.4	23

注：尽管辛集市已经属于省单列市，但惯例统计常列入石家庄市，故保留。

四、网络功能优化实证结果

基于本章所建模型和所提出的算法设计，根据相关调查数据，利用 Matlab2014 编写算法程序，在 PC 机 Windows 10.0 环境下运行通过，求得如下结果（见表6.3）。

表6.3　基于均等化公平选址模型的石家庄市现有应急物资储备库网络优化结果

石家庄市现有应急 物资储备库分布	网络优化布局结果 〔服务区、县（市）〕	服务半径/ 最远服务区、县（市）
国储一三三处（鹿泉区）	鹿泉区、栾城区、行唐县	52.1 千米/行唐县
国储一三五处（桥西区）	长安区、桥西区、新华区、裕华区、平山县、灵寿县、高邑县、深泽县、无极县、赵县、辛集市、藁城区、晋州市、新乐市	74.8 千米/深泽县

石家庄市现有应急 物资储备库分布	网络优化布局结果 ［服务区、县（市）］	服务半径/ 最远服务区、县（市）
国储一五零处（井陉县）	井陉矿区、井陉县、正定县、赞皇县、 元氏县	75.4 千米/ 赞皇县

表 6.3 中第 1 列列出的是石家庄市市区现有的 3 个大型应急物资储备库，分别为国家粮食和物资储备局一三三处、国家粮食和物资储备局一三五处、国家粮食和物资储备局一五零处。

由表 6.3 第 2 列可以得出，国储一三三处（鹿泉区）服务范围内的区、县（市）为鹿泉区、栾城区、行唐县；国储一三五处（桥西区）服务范围内的区、县（市）为长安区、桥西区、新华区、裕华区、平山县、灵寿县、高邑县、深泽县、无极县、赵县、辛集市、藁城区、晋州市、新乐市；国储一五零处（井陉县）服务范围内的区、县（市）为井陉矿区、井陉县、正定县、赞皇县、元氏县。

由表 6.3 第 3 列显示基于均等化公平选址模型，3 个石家庄市市区应急物资储备库的覆盖半径与最远服务区县级单位：国储一三三处（鹿泉区）应急物资储备库的覆盖半径为 52.1 千米，服务区县级单位为行唐县；国储一三五处（桥西区）应急物资储备库的覆盖半径为 74.8 千米，服务区县级单位为深泽县；国储一五零处（井陉县）应急物资储备库的覆盖半径为 75.4 千米，其最远服务区县级单位为赞皇县。

五、实证结果分析

由上述实证结果，得出如下分析结论。

（1）未考虑均等化目标与考虑均等化背景下应急物资储备库网络

优化结果之间存在显著区别。对比本章表6.3与第三章表3.1,可发现,未考虑均等化目标(见第三章)与考虑均等化背景下应急物资储备库网络优化结果之间存在显著区别:①均等化公平选址模型的优化结果中,应急物资储备库与所服务各区县间的空间联系相对分散,如3个应急物资储备库的最大服务半径分别为52.1千米、74.8千米、75.4千米,三者之间数值较为接近;②未考虑均等化的模型优化结果中(详见第三章表3.1),个别应急物资储备库与所服务各区县间的空间联系则过于集中,如3个应急物资储备库的最大服务半径分别为52.1千米、74.8千米、11.1千米,其中国储一五零处(井陉县)服务范围仅为井陉矿区、井陉县,其最大服务半径为11.1千米,远远小于另外两个应急物资储备库网络的服务半径,过于集中。

(2)3个应急物资储备库在石家庄市全域的空间分布过于集中,3个应急物资储备库中有2个位于石家庄市市区内,分别为国储一三三处(鹿泉区)、国储一三五处(桥西区),国储一五零处尽管不在石家庄市市区内,但所在的井陉县与石家庄市市区毗连。

(3)均等化公平选址模型其目标是实现应急资源配置的公平,因此有可能会导致城市应急物资储备库网络优化的效率降低。例如,国储一五零处应急物资储备库的服务区县级单位中,正定县并不与之毗连,但在公平优化目标下,正定县被选取为国储一五零处应急物资储备库服务单位。

六、优化建议

基于上述实证结果和分析结论,提出如下基于均等化公平选址模型石家庄市已有应急物资储备库功能优化的建议。

（1）建议石家庄市应适当扩建、设立远离市区镇的大型应急物资储备库。如前所述,石家庄市市区 3 个已有应急物资储备库皆位于市区或者毗连市区,致使其应急物资服务功能不能较好服务于各偏远区县级单位(远离石家庄市市区的区县级单位)。尽管经过均等化公平选址模型的优化后,3 个已有应急物资储备库与所服务各区县间的空间联系距离相对均衡,最大服务半径分别为52.1 千米、74.8 千米、75.4 千米,三者之间数值较为接近,但最大服务半径偏大。因此,建议石家庄市在已有的 3 个应急物资储备库外,应进一步设置更多的应急物资储备库。

（2）建议石家庄市应进一步加强对市区现有 3 个大型应急物资储备库的重点建设,特别是国储一三五处(桥西区)的建设。由表6.3 可知,上述 3 个大型应急物资储备库服务区县级单位的数目都较多,国储一三五处(桥西区)服务区县级单位高达 14 个区、县(市),当重大灾害或者突发事件发生时,有可能导致应急资源短缺、调度任务繁重。

第四节　基于均等化公平选址模型的石家庄市区已有与新建应急物资储备库网络优化

一、实证背景

《国家综合防灾减灾规划(2016—2020 年)》提出,要确保自然灾害发生 12 小时之内受灾人员基本生活得到有效救助,要科学规划、稳步推进各级救灾物资储备库(点)建设,构建多级救灾物资储备网络,形成全覆盖能力,构建五级救灾物资储备体系。在此背景下,意味着我国城市在已有应急物资储备库的基础上,需要进一步新建、新设城市应急物资储备库,不断完善、优化应急物资储备库网络。

"基本公共服务均等化"是我国新时代全面建成小康社会的重要任务。应急公共服务均等化属于我国基本公共服务均等化的重要组成部分。应急安全服务均等化,意味着全体公众无地域、收入等身份差别而获得机会、结果大致均等的应急公共服务。因此,在已有应急物资储备库的基础上,新设、新建城市应急物资储备库时,所提供的应急资源服务相对于社会公共众而言,也要达到服务机会均等和享有应急公共服务结果大体相等的目标。也就是说,新设、新建城市应急物资储备库应时,要使每一个社会成员的人身和财产安全在面对灾害和突发事件时,都能大致均等地得到保护。

二、实证区域概况

这里仍选取石家庄市为实证区域,在设立均等化目标下,考虑城市应急物资储备库的已有和新建两种状态,构建城市应急物资储备库网络优化模型进行实证分析。如前所述,石家市已经存在3处国家物资储备库,分别为国家粮食和物资储备局一三三处、国家粮食和物资储备局一三五处、国家粮食和物资储备局一五零处。除此之外,响应国家政策要求,石家庄市已经在各区县设立了区属的粮食和物资储备单位(见表6.4)。

表 6.4 石家庄市应急物资储备相关单位全览

序号	名称	位置
1	河北省救灾物资储备中心	鹿泉开发区石柏南大街 169 号

序号	名称	位置
2	国家粮食和物资储备局一三三处	鹿泉区龙泉路 56 号
3	国家粮食和物资储备局一三五处	平安南大街东平路 8 号
4	国家粮食和物资储备局一五零处	井陉县
5	行唐县粮食和物资储备局	玉城西大街 22 号
6	晋州市粮食和物资储备局	中兴路 420 号
7	无极县粮食和物资储备局	建设东路 12 正东方向 70 米
8	辛集市粮食和物资储备局	西华北路 122 号附近
9	元氏县粮食和物资储备局	常山路 102 号
10	井陉县粮食和物资储备局	建设南路 8 号
11	平山县粮食和物资储备局	冶河西路 95 号
12	深泽县粮食和物资储备局	南苑路 79 号
13	正定县粮食和物资储备局	常山西路 1 号
14	赞皇县粮食和物资储备局	太行西路 288 号
15	井陉矿区粮食和物资储备局	矿市镇矿市北街 35 号
16	赵县粮食和物资储备局	柏林大街 22 号
17	高邑县粮食和物资储备局	府前路 151 号
18	灵寿县粮食和物资储备局	人民东路 88 号

资料来源:石家庄市各区县政府网站。

三、模型构建

基于公平准则,从服务于石家庄市各区县角度,考虑在已有应急物资储备库的基础上,新设、新建城市应急物资储备库的情景,构建基于均等化公平选址模型的石家庄市区已有与新建应急物资储备库网络优化模型,所构建的模型是对"均等化视角下城市应急物资储备库网络优化的公平选址模型"[见本章中式(6-1)—式(6-5)]的改进,所构建的模型如下:

$$\min \sum_{j=1}^{n} \sum_{i=1}^{m} a_i (d_{ij} - \overline{d_j}) x_{ij} \tag{6-11}$$

$$= \sum_{j=1}^{p^{Pr}} \sum_{i=1}^{m} a_i (d_{ij} - \overline{d_j}) x_{ij}^{Pr} + \sum_{j=p^{Pr}+1}^{n} \sum_{i=1}^{m} a_i (d_{ij} - \overline{d_j}) x_{ij}^{Ne}$$

s.t.

$$x_{ij}^{Pr} \leqslant y_j^{Pr}; \forall i,j \tag{6-12}$$

$$x_{ij}^{Ne} \leqslant y_j^{Ne}; \forall i,j \tag{6-13}$$

$$x_{ij}^{Pr} \leqslant 1; \forall i \tag{6-14}$$

$$x_{ij}^{Ne} \leqslant 1; \forall i \tag{6-15}$$

$$\sum_{j=1}^{p^{Pr}} y_j^{Pr} + \sum_{j=p^{Pr}+1}^{n} y_j^{Ne} = p \tag{6-16}$$

$$x_{ij}^{Pr} = 0,1; x_{ij}^{Ne} = 0,1 \tag{6-17}$$

$$y_j^{Pr} = 1; y_j^{Ne} = 0,1; \forall i,j \tag{6-18}$$

上述模型中,i 代表应急物资需求点,j 代表城市应急物资储备库,p 为考虑增建情景的城市应急物资储备库总数,其中已有应急物资储备库个数为 p^{Pr},新建应急物资储备库个数为 p^{Ne};a_i 表示应急物资需求点 i 的人口数量;x_{ij}^{Pr} 为 0-1 变量,如果应急物资需求点 i 被已有应急物资储备库 j 提供服务,则取 1 值,否则,取 0 值;x_{ij}^{Ne} 为 0-1 变量,如果应急物资需求点 i 被新建应急物资储备库 j 提供服务,则取 1 值,否则,取 0 值;y_j^{Pr} 为常量,意指已有应急物资储备库 j 为需求点服务,恒取 1 值;y_j^{Ne} 指 0-1 变量,意指新建应急物资储备库 j 被选择进行设施建设,则取 1 值,否则,取 0 值。

目标函数式(6-11)使石家庄市区已有与新建应急物资储备库至各应急物资需求区县的加权距离方差和最小,从而达到设施选址的均等化。式(6-12)、式(6-13)保证只有应急物资储备库 j 服务于应急物

资需求点 i 时,才有 $x_{ij}=1$,否则,$x_{ij}=0$。式(6-14)、式(6-15)强化应急物资储备库的服务效率,保证每一个应急物资需求点最多只可由一个应急物资储备库提供服务,消除各应急物资储备库间的重复服务问题。式(6-16)指定应急物资储备库总数为 p。式(6-17)、式(6-18)限制决策变量 x_{ijk}^{Pr}、x_{ijk}^{Ne}、y_{jk}^{Pr} 和 y_{jk}^{Ne} 为 0-1 整数变量。

四、新建城市应急物资储备库个数确定

经过笔者走访石家庄市物资储备部门人员、咨询相关应急管理专家,以及利用 Matlab2014 编写启发式算法程序,在 PC 机 Windows 10.0 环境下运行计算,确定石家庄市应急物资储备库新建个数为 3 个,即得到石家庄市应急物资储备库总数为 6 个较为合适(含石家庄市已有应急物资储备库 3 个)。

五、应急物资储备库网络优化结果

基于本章 6.2.3 所建模型和 6.2.4 所提出的算法设计,根据相关调查数据,利用 Matlab2014 编写算法程序,在 PC 机 Windows 10.0 环境下运行通过,求得如下结果(见表 6.5)。

表 6.5 基于均等化公平选址模型的石家庄市区已有与
新建应急物资储备库网络优化均等结果

石家庄市已有与新建 应急物资储备库名称	网络优化布局结果 [服务区、县(市)]	服务半径/ 最远服务区(市)县
国储一三三处(鹿泉区)	鹿泉区	0 千米/鹿泉区
国储一三五处(桥西区)	长安区、桥西区、新华区、裕华区	7.6 千米/裕华区
国储一五零处(井陉县)	井陉矿区、井陉县、平山县	33.8 千米/平山县
行唐应急物资储备库	正定县、行唐县、灵寿县、新乐市	42.2 千米/正定县

石家庄市已有与新建应急物资储备库名称	网络优化布局结果〔服务区、县（市）〕	服务半径/最远服务区（市）县
高邑应急物资储备库	高邑县、栾城区、赞皇县、元氏县、赵县	46.5 千米/栾城区
深泽应急物资储备库	深泽县、无极县、辛集市、藁城区、晋州市	44.6 千米/藁城区

表 6.5 中第 1 列列出的是石家庄市市区现有的 3 个大型应急物资储备库,分别为国家粮食和物资储备局一三三处、国家粮食和物资储备局一三五处、国家粮食和物资储备局一五零处;新建的 3 个大型应急物资储备库,分别为行唐应急物资储备库、高邑应急物资储备库、深泽应急物资储备库。

由表 6.5 第 2 列可以得出,国储一三三处(鹿泉区)服务范围内的区、县(市)为鹿泉区;国储一三五处(桥西区)服务范围内的区、县(市)为长安区、桥西区、新华区、裕华区;国储一五零处(井陉县)服务范围内的区、县(市)为井陉矿区、井陉县、平山县;行唐应急物资储备库服务范围内的区、县(市)为正定县、行唐县、灵寿县、新乐市;高邑应急物资储备库服务范围内的区、县(市)为高邑县、栾城区、赞皇县、元氏县、赵县;深泽应急物资储备库服务范围内的区、县(市)为深泽县、无极县、辛集市、藁城区、晋州市。

由表 6.5 第 3 列显示基于均等化公平选址模型,6 个石家庄市市区应急物资储备库的覆盖半径与最远服务区县级单位:国储一三三处(鹿泉区)应急物资储备库的覆盖半径为 0 千米,服务区县级单位为鹿泉区;国储一三五处(桥西区)应急物资储备库的覆盖半径为 7.6 千米,服务区县级单位为裕华区;国储一五零处(井陉县)应急物资储备库的覆盖半径为33.8千米,其最远服务区县级单位为平山县;行唐应急物资储备库的覆盖半径为44.2千米,其最远服务区县级单位为正定县;高邑应急物资储备库的覆盖半径为46.5千米,其最远服务区县级单位为栾城区;深泽应急物资储备库的覆盖半径为44.6千米,其最远服务区县级单位为藁城区。

六、应急物资储备库网络优化结果分析

由上述实证结果,得出如下分析结论。

(1)未考虑均等化目标与考虑均等化背景下应急物资储备库网络优化结果之间存在显著区别。对比本章表6.3与第五章表5.1可发现,未考虑均等化目标(见第五章)与考虑均等化背景下应急物资储备库网络优化结果之间存在显著区别:①均等化公平选址模型的优化结果中,应急物资储备库与所服务各区县间的空间联系相对分散,如6个应急物资储备库中有4个库的最大服务半径比未考虑均等化的结果偏大,分别为33.8千米、42.2千米、46.5千米、44.6千米,四者之间数值较为接近;②未考虑均等化的模型优化结果中(详见第五章表5.1),应急物资储备库与所服务各区县间的空间联系则过于集中,如6个应急物资储备库的最大服务半径分别为26.8千米、24.5千米、11.1千米、21.7千米、24.6千米、27.2千米,整体远远小于考虑均等化背景下应急物资储备库网络优化结果中的最大服务半径。

(2)均等化公平选址模型其目标是实现应急资源配置的公平,因此有可能会导致城市应急物资储备库网络优化的效率降低。如均等化公平选址模型的优化结果中,应急物资储备库与所服务各区县间的空间联系相对分散,如6个应急物资储备库中有4个库的最大服务半径

比未考虑均等化的结果偏大(详见第五章表5.1)。

七、应急物资储备库网络优化建议

基于上述实证结果和分析结论,提出如下基于均等化公平选址模型的石家庄市已有与新建应急物资储备库功能优化的建议。

第一,石家庄市在现有三个储备库的基础上需要新建行唐、高邑、深泽三个大型应急物资储备库,才能保证其应急物资供应的均等化目标。

第二,是否考虑均等化目标,会对应急物资储备库网络优化产生一定的影响,城市政府在完成新建应急物资储备库决策时,要明确其优化目标,需要在公平与效率之间作出取舍。

小　　结

效率是管理与决策科学考虑的核心问题,在设施选址问题研究中,时常需要追求资源配置、成本、报酬等的有效性。然而,在公共设施选址问题中,公平性准则也是需要考虑的一个重要方面。推进基本公共服务均等化,全面提高人民生活水平,则是我国实现全面建成小康社会目标的一项重要内容。本章基于国内有关设施选址公平问题研究成果很少的现实,梳理国内外公平选址研究的主要脉络,认为公平设施选址目标与我国提出的公共服务均等化目标具有等同性,引入公平设施选址方法解决公共服务均等化视角下的应急物资储备库网络优化问题。认同公平准则中,加权距离方差最小准则较适合于多设施选址公平问题的解决。如果设施点与需求点距离未定,加权距离方差最小准则下的多设施选址公平问题为非线性整数规划问题,极难求解。针对此情况,提出先计算出(或调查出)设施点与需求点之间距离后,再建立多设施选址公平模型的思路。在其基础上,构建了相对较易求解的设施选址公平问题的线性整数规划模型,模型利用拉格朗日松弛算法求解,以河北省石家庄市应急物资储备库选址问题为例进行了实证。

需要讨论之处:首先,有关均等化与公平选址理论有异曲同工之处,公平选址理论是验证和实现均等化政策与实践的重要工具,对两者之间关联机制展开深入探讨,一方面会更好地为我国的基本公共服务均等化战略提供定量分析依据和方法支撑,另一方面也有助于进一步发挥公平选址理论的功效,使之更好地指导政策制定和社会发展实践。其次,公平是几千年来人类关注核心问题之一,本章只是结合均等化实践,选取公平选址理论中代表性数学模型加以实证,公平选址理论模型的探索仍有待学者做一步的努力。

第七章 基于共生理论的城市应急物资
储备库网络优化与实证

　　随着全球信息化、经济一体化进程不断加快加深,跨城市的应急突发事件逐年增加。在我国城市群协调发展中,城市群公共危机是其发展中必须面对的现实问题(弓顺芳,2017)。应急物资在应对突发事件时极其重要,应急物资储备保障能力是决定突发事件应对成功的关键。运用共生理论,具体分析各主体在应急突发事件中的功能,确立利益相关主体的职责,树立政府应急服务意识,构建智能共生系统,可使城市公共服务实现供给最大化,使应急资源分配实现最优化,使公民满意度逐步提高。京津冀协同发展已经上升为国家战略,构建城市应急物资储备库网络,成为未来城市综合竞争力提升和发展的重要保障因子。基于共生理论视角,实现京津冀城市群应急物资储备库网络优化,是保障其高质量发展的重要手段。

第一节　研究背景与动态

一、研究背景

2016年6月13日,北京市、天津市、河北省三地安全生产监督管理局在天津签署了《关于建立京津冀区域安全生产应急联动工作机制的协议》。根据协议,三地安全监管部门将加快建立事故救援监测预警、跨区域快速会商决策等应急协作机制,真正实现资源共享、优势互补,为京津冀安全发展保驾护航。国家安全生产监督管理总局副局长、国家安全生产应急救援指挥中心主任孙华山说,京津冀三地的工业项目、城镇建设、交通物流等方面正在加快整合,迫切需要各项安全监管措施和应急救援保障手段紧紧跟上。他强调,京津冀三地安全监管部门要立足区域特点、发挥区域优势、借鉴国内外经验,加快建立科学高效的区域应急联动工作机制。同时,要规范工作流程,强化信息沟通机制和专业应急救援力量建设,落实培训演练,推动应急联动工作取得新成效。此外,要加强组织领导、同步推进工作、搞好对接衔接、注重工作实效,确保如期完成京津冀应急联动机制建设任务(徐博、刘元旭,2016)。

2016 年 12 月 15 日,京津冀三地多部门举行冰雪灾害天气交通保障应急联动综合演练。据介绍,这是京津冀三地冰雪灾害天气交通保障联动机制建立后的首次演练,对提升京津冀协同应对交通突发事件能力,建立健全京津冀三地交通一体化应急联动机制具有重要意义。据北京市交通委应急处相关负责人介绍,本次演练重点内容包括:预警发布与信息互通、预案启动与灾情会商、决策指挥与应急支援、协同管控与交通诱导、新闻宣传与信息发布、应急完成与结束响应。突出京津冀三地协同、冬奥交通应急保障、北京城市副中心重要通道应急保障三个特点。

2018 年 1 月 10 日,京津冀水污染突发事件联防联控工作协调小组组织召开了 2018 年首次京津冀环境应急区域联动联席会议。北京市环境应急与事故调查中心、天津市环境应急与事故调查中心、河北省环境应急与空气重污染预警中心派员参加会议。会议商讨了 2018 年京津冀水污染突发事件联防联控工作方案。初步明确了 2018 年京津冀联防联控重点工作内容。详细研究了《液氨制冷行业环境风险防控导则(草案)》及《京津冀突发环境事件应急联动指挥会商平台建设方案》。北京市、天津市、河北省一致同意建立京津冀突发环境事件应急联动指挥会商平台,大力支持三地环境应急共同发展,实现信息共享互通,并签订了《京津冀突发环境事件应急联动指挥平台数据共享协议》。

京津冀协同发展是国家发展战略。目前,京津冀三地的深化合作框架协议已经分别签署,各部门都在进一步推进合作事项,积极推动城市应急物资储备库的构建。本章基于共生理论视角,定量分析城市各单元的共生关系,使城市群公共服务实现供给最大化,使应急资源分配实现最优化,使公民满意度逐步提高,进而提出京津冀城市群应急物资储备库应急联动机制的对策。

二、研究动态

共生是生物学概念,由德国生物学家德贝里在 1879 年首次提出。共生是指两种不同生物按某种物质联系而形成的紧密互利关系,其要素包括共生单元、共生模式和共生环境。自 20 世纪 50 年代至 60 年代,随着共生内涵的不断拓展,学者开始将共生理念应用到经济学、社会学、管理学等学科领域以研究现实问题,把共生理论与协调联动概念联系起来进行研究。例如,1998 年,我国管理工程博士袁纯清运用共生理论研究社会经济。他认为,共生不仅是一种生物识别机制,也是一种社会科学方法（袁纯清，2008）。李永亮（2015）结合我国雾霾治理现状，以"行动者—系统—动力学"理论为基础，提出府际协同治理雾霾的关键是建立多主体联动治理机制、法律约束与激励机制以及长效监管机制。于丽英、蒋宗彩（2014）从协同熵分析城市群公共危机多主体系统的演化机理，提出从完善法律法规体系、建立信息沟通共享机制和优化资源配置这三方面，探索城市群公共危机协同治理的路径。黄建洪（2012）从府际协调的角度重点就上下级政府关系进行探讨，认为应从恢复型应急转向发展型协调管理。

三、可行性分析

从共生系统视角看，城市群可以被视为由城市群内包括地方政府、非营利组织、企业以及社会公众等众多共生单元，在一定的共生环境中，通过相互作用和相互连接的共生模式形成的一个动态开放的共生系统，在彼此频繁互动过程中形成互利、互惠、合作共存的状态，并获得生存与发展所必需的信息和能量。此种共生关系并不仅仅是基于自然、地理因素，还会随着网络化、立体化、现代化的综合交通运输体系和信息沟通网络的构建以及彼此间相互依赖程度的日益加深而得到逐步的培育和强化。同时，城市群所处的社会环境也是高度动荡和不确定的，共生环境中各类公共危机的辐射效应必将波及城市群的各个层面，危及其稳定发展。随着众多风险因素的逐步积聚和裂变，必将在未来形成严重的公共危机。更严重的是，各种危机类型往往相互耦合、相互叠加、相互交织、联袂冲击并形成共震，极大地突破既定的行政区划、组织边界、地域界限以及社会分层状态，进而迅速构成一种无法弥补的区域性灾难（弓顺芳，2017）。而且，城市群作为强制性城市群行政系统，其应急系统具有突发性、公共性、不确定性、扩散性等特点,当城市群内出现重大突发事件时,不可避免地就会产生连带反应;而且,其运行方式具有协同性,要求其形成"地方政府(共生单元)→城市群行政共同体(共生系统)→地方政府(共生单元)"协商谈判的合作机制(Thomas,1987)。

总之,城市发展面临的共生环境特别复杂,各种风险因子和致灾因子不断累积。城市群内各城市是利益、责任和命运的共同体,只有通过增进制度机制的融合,打造"互进共生、互惠共享"的协同机制,不断优化整合资源,提高城市群整体实力,才能最终实现共同发展目标。共生是治理城市群突发公共事件的价值取向,是克服城市群应急管理碎片化的共同诉求。在应对重大突发公共事件过程中,城市群政府之间需要应急物资储备网络的密切联动,相互协同。以京津冀城市群为例,包括2座特大核心城市(北京城区常住人口2000万人以上,天津常住人口1500万人以上),8座次中心城市,分别为石家庄市、廊坊市、保定市、唐山市、秦皇岛市、沧州市、承德市、张家口市,3座普通城市分别为衡水市、邢台市和邯郸市,呈现出城市"生态金字塔"的结构。按照共生理论的观点,其中的各权威主体,作为共生单元在整体行为规则约束和利益格局驱动的双重作用下,构建城市群内相互嵌套、彼此制约的城市群公共危机的整体网络与制度平台,这既是科学防治跨域重大突发事件的发生、保障城市群公共安全的内在要求,也是实现京津冀城市群协调发展、优化整合其应急物资储备资源的必然选择。

第二节　城市应急物资储备库网络联动
机制建设中存在的问题

一、缺少激励导向的共生环境

党的十八大以来,我国首次将应急管理提升到国家战略层面上。目前,我国各地区、各部门都已经成立了应急管理部门,但总体上讲,跨域突发事件的应急物资储备库网络联动仍缺少激励导向的共生环境,仍然存在一些亟待解决的突出问题。主要表现在:第一,缺乏应急物资储备库网络跨城市联动的制度激励与保障机制。依法应急是公共安全管理的基本观念,也是实施各项应急措施的基本准绳。一方面,在立法环节上我国法律对"地方政府间合作"没有具体的原则性规定。一旦突发公共事件,由于《中华人民共和国突发事件应对法》在城市群应急管理的应急事项和地方规范的权限上缺乏详细的规定,由此造成了执行和操作方面的困难。另一方面,在执法和评估环节上,存在执行效率低下、监管疏漏、评估标准不统一等问题。因此,各行政主体权责划分不明晰,跨城市信息共享机制不健全,大大增加了跨城市应急物资储备库网络联动的难度。第二,缺乏科学的应急物资储备库网络跨城市联动观念,综合协调能力不强。长期以来,由于我国中央和地方政府实行的是行政逐级发包体制和属地管理原则,各地政府综合协调能力不足,城市群在面对灾害和突发事件时难以形成合力,缺乏有效的跨城市横向联系,在处理跨城市危机时,缺乏协作意识,不利于建立应急物资储备库网络跨城市联动共享机制。第三,应急物资储备库网络跨城市联

154

动的基层治理机制滞后。伴随知识经济、信息化、经济一体化时代的到来,大量流动人口进入城市,而目前基层社区管理水平较低,许多基层社会组织在承纳流动人口、安全管理等诸多方面缺乏应急物资储备库网络跨城市联动的基层联系机制。

二、应急共生模式不完善

近年来,我国各类突发事件频发,关键之处在于缺乏一个运转高效、配套科学的应急管理共生模式。首先,应急联动主体整合机制匮乏。从应急联动主体来看,应急物资储备库网络跨城市联动仍然局限于各个城市政府间以及各职能部门之间的协作。在城市群突发事件发生后,社会力量才开始逐渐介入参与以政府为主导的应急联动,且呈现"游击战"、无序性、参与积极性不高的特点,不利于城市群应急联动整体效能的提高。其次,目前我国城市群的应急联动协议中,大部分地区没有对积极参与者以及在参与过程中作出成绩的单位和个人进行奖励,也没有对消极"为官不为"行为进行处罚,这样城市政府参与应急联动的意愿将会被逐渐降低,无法形成有效的应急物资储备库网络跨城市联动共生激励机制。

三、应急共生单元存在缺位现象

目前,我国的公共安全管理组织体系仍然呈现"政府主导、多头指挥、联动不动"的特征。第一,在组织体系上,采取的是一元主体的应急管理模式。我国的应急机构是以行政责任制、以政府为主导,专业救援队伍辅助的模式,非政府组织参与少。例如,根据《河北省人民政府突发公共事件总体应急预案》规定,省政府是本省突发公共事件应急管理工作的最高行政领导机构,在省政府主要负责人的领导下,通过省政府常务会议研究、决定和部署特别重大、重大突发公共事件应急管理工作。省政府有关主管负责人按照业务分工和在相关突发公共事件应急指挥机构中兼任的职务,负责相关类别突发公共事件的应急管理工作。必要时,省政府派出工作组指导有关工作。省政府秘书长和有关副秘书长协助省政府主要负责人或主管负责人处理有关工作。河北省应急体系的建设规划是由政府进行组织,这就决定了政府的一元管理主体地位。第二,在运行机制上,城市群应急联动机制主要依靠行政等级、职权划分来运转,从而导致纵向关系紧密而横向关系松散,对开展联动行动关注不够,导致灾害和突发事件发生时虽然有统一的领导、协调和部署,但由于具体的应对工作要由不同单位分头去完成,易造成在实际处理过程中分工不明确、各行其是。第三,在风险的预警和防控上,没有形成科学完备的风险防范生态链,缺乏多类型、多层次的专业评估机构,且各类评估机构之间也没有形成稳定和谐的共生关系。

第三节　城市群应急物资储备网络
多中心共生关系分析

随着京津冀协同发展上升为国家战略,如何实现该城市群内城市应急物资储备的多中心互动,构建城市群应急物资储备体系,成为保障其未来协同发展效果的重要因子。基于上述考虑,借鉴共生理论,针对重大突发事件下,应急物资储备均匀配置会导致城市群应急资源利用效率低下,且不能最大限度满足受灾点所需的弊端,考虑了城市群各城市应急物资储备保障能力存在差异的现实,从应急物资储备保障能力、对外关联和外向功能三个视角分析,确定京津冀城市群应急物资储备网络多中心共生关系。具体而言,通过综合评价指标体系,测算京津冀各城市应急物资储备保障能力;基于引力模型原理,测算京津冀各城市应急物资储备保障对外关联强度;基于区位熵测算京津冀各城市应急物资储备保障的外向功能强度;最后,综合三个视角的考察结果,确定京津冀城市群应急物资储备网络多中心共生关系。沿袭传统的共生分析框架,结合京津冀城市群进行实证,通过城市应急物资储备能级、对外关联、外向功能的定量分析来研究京津冀城市应急物资储备的共生关系。

一、京津冀城市群应急物资储备保障能力测定

应急物资在突发事件应对中极其重要,应急物资储备保障能力是决定突发事件应对成功的关键因素。如何提高应急物资储备保障能力,是我国目前应急管理亟须解决的问题之一。应急物资储备保障能力评价受到了学者的关注,如李保俊等(2005)运用人均 GDP、地均 GDP、第一产业产值、第二产业产值、第三产业产值 5 项指标对我国自然灾害备灾能力展开评价。铁永波(2006)认为,应急物资储备的保障能力主要包括各种救灾物品的供应能力、号召社会参与救灾的能力、通信能力、运输能力、灾民安置能力和救灾资金的筹备能力等。李建国等(2007)基于有应急物资需求的 4 类突发事件,从民政、医疗、交通运输、通信保障、公安消防以及军事行动物资储备 6 个方面构建了应急物资保障能力指标体系。罗建锋等(2012)从规模、人文、位置和技术 4 大因素着手,选取了储备数量、品种数量、工作人员专业能力、管理水平、应急物资储备点的地理位置、交通条件以及辐射面积、信息技术、机

械技术等 11 个指标,基于三角模糊数对应急物资储备能力进行综合评价。张永领(2012)提出,政府应急物资储备保障能力评价应从食品药品类、应急救援类、灾民安置类、基础保障类和大型设备类 5 个方面展开。杨莹等(2012)从物资筹集能力、调集货物时间、储备库布局规划费用、绿色通道机制畅通性、物资维护与管理时间、储备量与辐射范围匹配程度、物资种类满足实时需求灵活度构建了灾前物资储备保障能力评价指标体系。招泳州(2015)从管理协调体系、物资储备体系、物资应急调运体系 3 个方面,选取了 16 个指标,对消防部队应急援物资储备体系运行能力进行评价。邹忠义等(2016)从组织协调能力(包括应急物资指挥协调能力、应急物流预警体系、应急物资储备机制有效性和政府协调能力),应急物资管理能力(包括应急物资的筹措、储备、运输和配送能力),信息管理能力(包括灾害的信息监测、预警、采集、分析决策和综合数据库分析能力、灾害监测和预警)3 个方面对应急物资保障能力展开评价。董骏峰等(2018)基于 DEA 模型,从人力资源、建筑面积、信息化投入、仓储设备、库存容量、应急物资品类、可救助人口 7 个方面选取指标,对应急物资储备仓库保障能力进行评价。

综上所述,诸多学者已经对应急物资储备保障能力评价进行了探索,但由于学者对评价对象的认识不同,评价指标体系的维度及具体指标构成存在较大的差异,有的学者侧重于对储备库本身加以评价,有的进一步考虑其管理协调能力,有的则从城市群角度加以综合评价。整体而言,从区域和城市角度加以评价的成果偏少,研究方法以主观赋权和定性分析为主;而面对灾害和重大突发事件时,往往需要城市、城市群乃至国家层面应急物资的综合调度和更为科学合理的定量分析,因此,基于客观赋权和城市视角加以定量评价的成果有待丰富。本书主要参考招泳州(2015)和邹忠义等(2016)的研究成果,基于城市和区域视角,从应急物资管理能力、组织协调能力、信息管理能力3个方面,共设计11个二级指标,选取33个三级指标,构建了城市应急物资储备保障能力评价指标体系(见表7.1)。

表 7.1 京津冀城市群应急物资储备保障能力评价综合指标体系

一级指标	二级指标	三级指标
应急物资管理能力/权重0.356	应急物资的筹措能力/权重0.150	粮食收购贷款信用保证基金入围企业数量 x_1(个)
		国家级产业示范基地和省级应急产业基地数量 x_2(个)
		规模以上工业企业主营业务收入 x_3(亿元)
		各市建设项目资金中自筹资金比率 x_4(%)
		能源工业投资 x_5(万元)
	应急物资的储备能力/权重0.096	省级储备单位数量 x_6(个)
		社会消费品零售总额 x_7(亿元)
		各市人均农业产值 x_8(元)
	应急物资的配送能力/权重0.024	公路客运量 x_9(万人)
		货运量 x_{10}(万吨)
	应急物资的运输能力/权重0.080	年末实有城市道路面积 x_{11}(万平方米)

一级指标	二级指标	三级指标
组织协调能力/权重 0.293	应急物资预警能力/权重 0.005	应急物资相关应急预案个数 x_{12}(个)
	基层指挥协调能力/权重 0.012	各市下辖区县有无设立应急管理部门 x_{13},设立得 100 分,否则得 50 分
		各市下辖区县有无设立粮食和物资储备部门 x_{14},设立得 100 分,否则得 50 分
	物资储备机制有效性/权重 0.166	人均供水综合生产能力 x_{15}(立方米)
		人均液化石油气供气量 x_{16}(吨)
		医院数 x_{17}(个)
		各市医生数 x_{18}(人)
		注册护士数 x_{19}(人)
		亿元以上交易市场交易额 x_{20}(亿元)
	政府协调能力/权重 0.110	所在城市是否为省会城市 x_{21},是得 100 分,否则得 50 分
		是否有省级救灾物资储备中心 x_{22},是得 100 分,否则得 50 分
		一般性公共服务支出占财政支出比率 x_{23}(%)
		各市国有及控股企业主营收入 x_{24}(亿元)
		每万人卫生机构床位数 x_{25}(个)
信息管理能力/权重 0.351	灾害监测预警能力/权重 0.011	各市疾病预防控制机构数 x_{26}(个)
		各市互联网普及率 x_{27}(%)
		各市广播电视节目综合覆盖率 x_{28}(%)
	灾害综合数据库分析能力/权重 0.168	是否为智慧城市试点单位 x_{29},是得 100 分,否则得 50 分
		R&D 人员全时当量 x_{30}(人/年)
	灾害信息采集分析能力/权重 0.172	R&D 经费支出 x_{31}(万元)
		普通高等学校数 x_{32}(个)
		普通高校专任教师数 x_{33}(人)

通过《北京统计年鉴》(2018)、《天津统计年鉴》(2018)和《河北经济年鉴》(2018)收集到相关数据(相关数据由于本书篇幅所限略去),利用熵值法进行实证,得到京津冀城市应急物资储备保障能力评价结果(见表7.2)。

采用熵值法计算城市应急物资储备保障能力,该方法可以有效避免主观赋权法中人为因素的影响,计算步骤为:

(1)原始数据收集与整理:设有 m 个待评价对象, n 项评价指标,整理形成原始数据矩阵 $X = (x_{ij})_{m \times n}$ ($m = 13$, $n = 33$)。

(2)对数据进行同趋化处理:假定评价指标 j 的理想值为 x_j^* ,对于正向指标记为 $x_{j\max}^*$,对于负向指标记为 $x_{j\min}^*$ 。正项指标同趋化公式为: $x'_{ij} = x_{ij}/x_{j\max}^*$,负向指标公式为: $x'_{ij} = x_{j\min}^*/x_{ij}$ 。

(3)计算指标的熵值:根据公式 $y'_{ij} = x'_{ij}/\sum_{i=1}^{m} x'_{ij}$ 对指标数据进行归一化处理,得到数据的标准化矩阵对于第 j 项指标,其熵值有, $e_j = -k \sum_{i=1}^{m} (y'_{ij}\ln y'_{ij})$ [其中,常数 $k = 1/\ln(m)$]。

(4)计算指标的信息效用值:对第 j 项指标的信息效用值有 $d_j = 1 - e_j$ 。

(5)计算指标的权重。计算第 j 项指标的权重: $w_j = d_j/\sum_{i=1}^{n} d_j$ 。

(6)对步骤(2)中的同趋化值作进一步的无量纲化处理,计算过程为:

$$y_{ij} = x'_{ij}/(x'_{j\max} - x'_{j\min}) ; i = 1,2,3\cdots,m ; j = 1,2,3,\cdots,n 。$$ 式中, y_{ij} 为城市 i 第 j 项指标的无量纲化值, $x'_{j\max}$ 为第 j 项指标所有 x'_{ij} 值中最大者, $x'_{j\min}$ 为第 j 项指标所有 x'_{ij} 值中最小者。

(7)计算城市应急物资储备保障能力分维度得分和综合得分:利

用模型 $E_i = \sum_{j=1}^{n} w_j y_{ij}$ 计算城市应急物资储备保障能力,式中,E_i 为城市

应急物资储备保障能力指数,w_j 为指标 j 的权重;y_{ij} 同步骤(6)中含

义,意指城市 i 第 j 项单项指标的无量纲化值。

根据以上计算原理,收集京津冀城市群城市应急物资储备保障能

力原始数据,得到 2017 年指标权重和城市应急物资储备保障能力评价

得分。

表 7.2 京津冀城市应急物资储备保障能力评价结果

城市	应急物资管理能力/权重 0.356	排名	组织协调能力/权重 0.293	排名	信息管理能力/权重 0.351	排名	综合得分	综合排名
北京市	87.8	1	100.0	1	63.6	2	82.9	1
天津市	64.7	2	52.5	2	99.2	1	73.2	2
石家庄市	26.4	3	30.1	4	18.0	3	24.6	3
唐山市	21.8	4	28.2	5	14.5	5	21.1	4
保定市	14.7	5	30.9	3	15.0	4	19.5	5
邯郸市	13.3	6	14.8	6	6.2	6	11.3	6
沧州市	6.6	7	13.7	7	5.4	7	8.3	7
邢台市	4.3	8	5.5	9	4.8	8	4.8	8
廊坊市	2.5	10	5.7	8	4.5	9	4.2	9
秦皇岛市	4.0	9	3.4	10	2.0	10	3.1	10
张家口市	2.3	11	3.0	11	1.8	11	2.3	11
衡水市	1.4	12	2.7	12	1.8	12	1.9	12
承德市	0.2	13	2.0	13	1.2	13	1.1	13

资料来源:《中国统计年鉴》(2018)、《北京统计年鉴》(2018)、《天津统计年鉴》(2018)和《河北经
济年鉴》(2018),以及京津冀城市群应急管理部门、粮食与物资储备局网站。

由表 7.2 可知,应急物资储备保障能力综合评价方面,北京市、天

津市、石家庄市、唐山市、保定市在京津冀城市中排名第一位至第五位，得分分别为 82.9 分、73.2 分、24.6 分、21.1 分、19.5 分。京津两市作为两个直辖市，优势明显；石家庄市、唐山市一直是河北省的核心城市，而保定市也一直是河北省的重要城市，特别是雄安新区的设立，其重要性越发凸显。邢台市、廊坊市、秦皇岛市、张家口市、衡水市、承德市排名后六位，得分皆低于 5 分。

从单项的应急物资管理能力维度看，北京市、天津市、石家庄市得分位于第一、二、三位，得分分别为 87.8 分、64.7 分、26.4 分。邢台市、廊坊市、秦皇岛市、张家口市、衡水市、承德市排名后六位，得分皆低于 5 分。

从单项的组织协调能力维度看，北京市、天津市、保定市得分位于第一、二、三位，得分分别为 100 分、52.5 分、30.9 分。秦皇岛市、张家口市、衡水市、承德市仍排名后四位，得分皆低于 5 分。

从单项的信息管理能力维度看，天津市、北京市、石家庄市得分位于第一、二、三位，得分分别为 99.2 分、63.6 分、18.0 分。邢台市、廊坊市、秦皇岛市、张家口市、衡水市、承德市排名后六位，得分皆低于 5 分。

综合以上分析，京津冀城市群应急物资储备保障能力表现为北京、天津两家独大格局，两个城市与河北省 11 地市之间差距较大。除了北京市、天津市外，石家庄市、唐山市应急物资储备保障能力较强，可以作为京津冀城市应急物资储备建设一级中心候选城市，而张家口市、衡水市、承德市则应作为城市应急物资储备保障能力提升的重点关注城市。

二、京津冀城市群应急物资储备对外关联测度

城市对外关联指数是测度城市间共生关系的重要指标。城市对外

163

联系强度除了受自身能级影响外,还会随距离表现出衰减性。因此,笔者将进一步基于引力模型原理,对京津冀 13 个城市应急物资储备对外关联强度进行定量分析,实现对城市间共生关系的测度。

定义 1:对于城市 i,单项城市应急物资储备对外关联度指数 TC_{ij} 为:

$$TC_{ij} = K_i \frac{\sqrt{Z_i Z_j}}{D_{ij}} , \qquad (7-1)$$

式中,Z_i、Z_j 分别表示 i 城市和 j 城市的应急物资储备保障能力,K_i 为城市应急物资储备关联指数,K_i 的计算公式为:$K_i = \dfrac{z_i}{\sum\limits_{i=1}^{n} Z_i} 100$,$D_{ij}$ 为关联城市应急物资储备交通距离(标准化值)。

D_{ij} 需要进行标准化处理,标准化公式为:

$$D_{ij} = \frac{D'_{ij} - D'_{min}}{D'_{max} - D'_{min}} \times 60 + 40 \qquad (7-2)$$

式中,D'_{ij} 是关联城市 i 与 j 交通距离,D_{min} 是所有 D_{ij} 中的最小值,D_{max} 是所有 D_{ij} 中的最大值($i=1,2,\cdots,13$)。

定义 2:对于城市 i,第 i 城市应急物资储备对外关联度指数 TC_i 为:

$$TC_i = \frac{\sum\limits_{j=1}^{n} TC_{ij}}{n} \qquad (7-3)$$

用上述两个定义的公式进行计算,得到表 7.3。由表 7.3 可知,京津冀城市应急物资储备保障能力关联呈等级性,廊坊市、天津市、唐山市、北京市、邢台市应急物资储备保障能力关联度分居第一、二、三、四、五位,指数值分别为 14.68、9.82、8.59、8.49、6.30。石家庄市、张家口市、秦皇岛市排名为倒数后三位,指数值分别为 1.94、1.87、1.50。

表 7.3　京津冀城市应急物资储备对外关联度

城市	城市应急物资储备对外关联度	排名
廊坊市	14.68	1
天津市	9.82	2
唐山市	8.59	3
北京市	8.49	4
邢台市	6.30	5
沧州市	4.26	6
邯郸市	3.57	7
承德市	2.87	8
衡水市	2.73	9
保定市	2.11	10
石家庄市	1.94	11
张家口市	1.87	12
秦皇岛市	1.50	13

综上以上城市应急物资储备对外关联分析,廊坊市、邢台市两市由于具有较强的对外关联功能,因此可以考虑作为京津冀城市应急物资储备二级中心候选城市。

三、京津冀城市群应急物资储备功能强度测度

城市功能强度也是测度城市间共生关系的重要方法。城市应急物资储备功能可分为外向功能与内向功能,内向功能是城市应急物资储

备内部联系所产生的功能,又称为非基本功能;外向功能是城市应急物资储备与城市外区域联系中所产生的应急物资配置活动,是城市应急物资储备的基本功能,反映了某一城市应急物资储备对外的影响程度。为便于比较,并考虑数据的客观性、可比性与可操作性,本章对城市应急物资储备外向功能观点加以延伸,用区位熵进行测度,由于各市应急物资投入资金总额缺乏相关统计,加之各市财政公共支出与各市应急物资投入资金密切相关,故选用各市财政支出的一般公共预算支出来指代各市应急物资投入资金,完成区位熵的计算,来间接衡量各市城市应急物资储备的对外功能强度,公式为:

$$LQ_{ij} = \frac{G_{ij}/G_i}{G_j/G} \tag{7-4}$$

其中,G_{ij} 为 i 城市一般公共预算支出;G_i 为 i 城市 GDP;G_j 为京津冀城市群城市公共财政支出;G 为京津冀城市群 GDP。

对于 i 城市而言,当 $LQ_{ij} > 1$ 时,说明 i 城市应急物资储备部门存在外向功能,即京津冀城市群 i 城市 GDP 中的分配给应急物资储备投入资金的比例大于京津冀城市群的分配比例,即应急物资储备投入在 i 城市中相对于整个京津冀城市群而言是专门化部门,视为城市为外界提供了应急物资储备保障服务,即有外向功能。

由表7.4可知,河北省11地市中农业功能强度全部大于1,表现为外向功能有张家口市、秦皇岛市、北京市、廊坊市、邯郸市、衡水市共6个城市,区位熵值分别为2.32、1.59、1.17、1.11、1.03、1.02。也就是说,从城市应急物资储备外向功层面讲,上述6市具有外向功能性。综合以上功能强度分析,廊坊市、衡水市可以作为京津冀城市应急物资储备保障二级中心候选城市。

表 7.4　京津冀城市应急物资储备外向功能强度（2017 年）

城市	区位熵	排名
张家口市	2.32	1
秦皇岛市	1.59	2
北京市	1.17	3
廊坊市	1.11	4
邯郸市	1.03	5
衡水市	1.02	6
石家庄市	0.95	7
承德市	0.89	8
天津市	0.85	9
唐山市	0.84	10
邢台市	0.73	11
沧州市	0.69	12
保定市	0.64	13

四、基于共生分析的京津冀城市群应急物资储备网络优化

综合前面三个部分的分析,进行如下界定:

(1)对城市应急物资储备保障能力、对外关联度、功能强度三个指标排名按照如下标准赋分:排名第一得 13 分,最后一名得 1 分。(2)设定 ZR_i 为第 i 个城市的应急物资储备保障能力排名得分,TCR_i 为第 i 个城市的应急物资储备功能对外关联排名得分,LQR_i 为第 i 个城市的应急物资储备功能强度排名得分,TR_i 为第 i 个城市的城市应急物资储备保障共生关系总排名得分。且有:

$$TR_i = (ZR_i + TCR_i + LQR_i)\times 100 \div (3 \times 13) \qquad (7-5)$$

由表 7.5 可知,北京市、天津市、廊坊市、唐山市、邯郸市、石家庄市

综合得分排在前六位,得分分别为87.2、74.4、71.8、64.1、61.5、53.8。

表7.5 京津冀城市应急物资储备等级

城市	综合得分	名次
北京市	87.2	1
天津市	74.4	2
廊坊市	71.8	3
唐山市	64.1	4
邯郸市	61.5	5
石家庄市	53.8	6
邢台市	46.2	7
张家口市	46.2	8
沧州市	43.6	9
秦皇岛市	43.6	10
衡水市	38.5	11
保定市	35.9	12
承德市	33.3	13

综合上述三个方面的共生关系分析,且考虑各市行政地位(是否为直辖市或省会城市)、整体实力和区位,建议把北京市、天津市、石家庄市、唐山市作为一级应急物资储备保障中心城市,廊坊市、保定市和邯郸市列位二级应急物资储备保障中心城市,其他城市归为三级应急物资储备保障中心城市,分别为邢台市、张家口市、沧州市、秦皇岛市、衡水市、承德市。

第四节 基于共生理论的城市群应急物资储备库网络优化路径

京津冀城市群的应急物资储备库网络优化,除了依靠国家指导,科学布局、制度建设和政策支持外,还需要城市之间良性互动机制的健全,逐步消除各地区各单元之间的阻隔机制,增加共生利益,建立和完善共生体系的生存和发展所必需的各种基本条件,解决在运行过程中所面临的多目标和多价值追求的冲突、知识与信息分享困境以及多元主体自主行为的整合约束乏力等内在困境。

一、优化城市群应急物资储备库网络共生理念

共生理论为应急物资储备库网络的跨城市"复合行政"提供了好的发展观念,具体可以实现以下转变。第一,城市群应急物资储备库网络优化要树立开放的行政理念,实现从封闭行政向开放行政的转变。第二,从"单边行政"向"多元共生"转变。第三,从"无序竞争"向"科学协同"转变。城市群应急物资储备库网络优化要重视共生单元之间的统筹规划和有序协调发展。在执行过程中城市群应急物资储备库网络优化规划和服务质量应由政府主导,各级地方政府和非政府组织,要形成互相依赖的合作关系,逐步提高公民的应急物资需求满意度。

二、优化城市群应急物资储备库网络共生界面

城市群应急物资储备库网络优化要突破传统的价值取向,逐渐优化共生界面,契合城市群应急物资储备库网络协调发展。良好的共生环境可以对应急物资储备库网络跨城市联动共生关系和共生模式产生正面的激励引导作用。优化城市群应急物资储备库网络共生界面包括:第一,提升城市间应急物资储备库网络的相互交流,促进应急物资储备库网络跨城市联动达成共识。第二,加强城市群内各应急物资储备库网络主体的合作,为城市群应急物资储备库网络共同良性生存创造条件。"对称互惠共生",是共生系统进化的方向和法则,是应急物

资储备库网络跨城市联动最好的行为模式。

三、优化城市群应急物资储备库网络共生单元

根据共生理论,共生关系的确定与维系关键在于各共生单元在共生环境中能够获得共生效益(向良云,2009)。如何使应急物资储备库网络跨城市联动的机制保持有效性、可行性和持续性,必须采取相应的利益补偿与激励手段。第一,建立由"行政主导"转向"需求取向"应急资源分配模式。城市群内各应急物资储备库网络共生单元按照自身发展情况,自觉融入应急物资储备库网络共生系统当中,实现应急资源整合与交换。第二,实现由"依托型"城市群应急物资储备库网络管理模式向"均衡型"转变。提升城市群应急物资储备库网络治理水平,可以设立专项基金,根据资源投入与能力高低情况建立城市群内应急物资储备库网络的成本分摊和利益分享机制和城市群应急物资储备库网络补偿与奖励机制,提升城市群应急物资储备库网络的整体应急服务效能。

四、实现城市群应急物资储备库网络共生单元间的资源与信息共享

共生单元之间必须存在必然的物质、信息或能量联系,由此促进共生单元之间的分工,弥补彼此间的功能缺陷,并在相互适应、相互激励过程中促进共生单元的共同进化。城市群应急物资储备库网络的顺利运行同样依赖于资源和信息在城市群应急物资储备库网络内的共享。当前各地方政府已经投入越来越多的人力、物力和财力,建立起了各自辖区范围内的应急交流平台。然而,这些地方应急平台间缺少对接,极大地降低了城市群公共危机预测预警以及作出反应的前瞻性和敏感

度,严重制约着城市群公共危机治理的整合应对功能。因此,城市群应急物资储备库网络优化必须在继续加强各地方应急交流平台建设的基础上实现无缝连接,实现应急物资储备的高效共享。

五、建立互动协作的制度规则,整合城市群应急物资储备库网络共生单元的自主行动

城市群应急物资储备库网络内各个基本共生单元间不可避免地存在彼此不同,甚至是相互冲突的行为目标和利益追求。基于城市群公共危机的共同威胁和相互依赖性,在彼此协商、博弈,甚至不断反思基础上达成城市群应急物资储备库网络优化目标共识极为必要。共识目标的实现需要落实到每一个主体制度化的协作行动上,需要运用制度规则来强化并实现共同的目标。

六、建立城市群应急物资储备库网络优化的统一反应框架

城市群应急物资储备库网络优化需要在城市群层面构建一种固定的、制度化的合作框架,形成科学合理的统一行动模式,甚至进一步形成行动指南,对城市群应急物资储备库网络主体的角色、行动任务和基本步骤、完成方式、可供利用的应急物资资源等进行明确界定,在此框架下确立协调一致的具体行动战略,实现城市群应急物资储备库网络各主体彼此间的自觉协作。

小　　结

日渐兴起的共生理论为我们超越传统城市群内的条块分割、地域

隔离,打破政府与社会、市场间的界限,完善和超越现存城市群应急联动体系的基础,进而为构建城市群内全主体、全风险要素和全过程应对的城市群公共危机治理网络提供了新的视角和理论基础,这既是应对城市群巨灾系统的前瞻性要求和必需的常态化制度安排,也是我国城市群协调发展的基本要求。它必然需要政府之间、政府与社会、政府与市场关系的重构以及权责分配模式、行政理念等更深层次、全方位的变革,因而城市群公共危机治理网络的构建必将是一个长期、系统的工程。

第八章 研究结论与展望

第一节 研究结论

本书在对前人选址理论成果进行借鉴、分析的基础上,结合当前国内外选址问题前沿,主要从以下六个方面尝试解决城市应急物资储备库网络优化问题,得出如下结论。

(1)构建了城市已有应急物资储备库网络优化模型并开展实证研究。立足于解决城市应急公共服务体系中应急物资储备库与应急物资需求点最优空间联系问题,基于设施选址理论,以追求应急物资需求点民众总体满意程度最大为目标,构建了考虑交通方式、需求点风险程度的城市已有应急物资储备库网络优化模型。把所建模型应用于石家庄市,得出其最优服务区、县(市)与服务半径,并提出相关建议。

(2)构建了考虑拥挤情景的城市已有应急物资储备库网络优化模型并开展实证研究。针对我国城市应急物资储备库网络优化定量分析成果较少的现实,提出考虑拥挤情景的城市已有应急物资储备库网络优化问题。在考虑覆盖半径内需求满意差异的同时,构建了拥挤情景下的城市应急物资储备库网络优化模型,并设计启发式算法求解。以河北省石家庄市已有应急物资储备库为例进行实证。

(3)构建了考虑增建情景的城市应急物资储备库网络优化模型并开展实证研究。针对我国城市应急物资储备库网络优化定量分析成果较少的现实,提出考虑增建情景的城市应急物资储备库网络优化问题。在考虑覆盖半径内需求满意差异的同时,构建了考虑增建情景的城市应急物资储备库网络优化模型,并设计启发式算法求解。以河北省石家庄市考虑增建情景的应急物资储备库网络优化为例进行实证。

(4)构建了考虑等级特征的城市应急物资储备库网络优化模型并开展实证研究。提出了考虑等级特征的城市应急物资储备库网络优化问题。针对我国城市应急设施选址定量分析文献较少的现实,结合城市应急物资储备库管理与物资调度实际,对等级设施选址理论中的最大覆盖模型加以改进,构建了考虑覆盖半径内需求满意差异性,具有单流、嵌套性、同调性特征的城市应急物资储备库等级选址模型,并利用蚁群算法进行求解,并以北京市房山区为例进行实证。

(5)构建了均等化视角下的城市应急物资储备库网络优化模型并进行实证。在梳理国内外公平选址研究主要脉络的基础上,提出公平设施选址目标与我国提出的公共服务均等化目标具有等同性,引入公平设施选址方法解决公共服务均等化视角下的应急物资储备库网络优化问题。把城市应急物资储备库网络均等化问题转化为加权距离方差最小准则下的多设施选址公平问题,提出先计算出(或调查出)设施点与需求点之间距离后,再建立多设施选址公平模型的思路。在其基础上,构建了相对较易求解的设施选址公平问题的线性整数规划模型,模型利用拉格朗日松弛算法求解,以河北省石家庄市应急物资储备库选址问题为例进行了实证。

(6)基于共生理论对城市群应急物资储备库网络优化进行实证。

基于城市和区域视角,从应急物资管理能力、组织协调能力、信息管理能力三个方面,共设计 11 个二级指标,选取 33 个三级指标,构建了城市应急物资储备保障能力评价指标体系,并以京津冀城市群为例展开实证,并提出基于共生理论的城市群应急联动优化路径。

第二节　研究展望

城市应急物资储备库网络优化问题研究主要涉及四个方向:第一方面是不断的修正和改进模型,使模型更简洁易懂更有效地反映现实问题的本质;第二方面为提出有效的算法,并探讨已有算法的最优性,对所求解与最优解的偏差进行有效估计;第三方面是对算法复杂性的讨论;第四方面是把设施选址理论研究与社会发展实践相结合,展开实证研究。

(1)模型方面。首先,本书主要考虑了城市应急物资储备库网络优化问题中行车距离和需求点人口两大要素对选址模型的影响。而现实中,还有很多因素会对选址结果产生影响,如需求区域的人口密度,产生突发事件的风险程度(概率)等,因此,可以考虑更为复杂因素下的城市应急物资储备库网络优化问题。其次,由于本书所建模型中,统统没有考虑应急服务设施点经营成本对选址结果的影响,因此,可以进一步考虑应急服务设施点经营成本的城市应急物资储备库网络优化研究。再次,本书没有考虑时间窗情景的城市应急物资储备库网络优化问题,此方向可以作进一步的研究。最后,考虑容量限制的城市应急物资储备库网络优化问题等,都是本书进一步拓展的方向。

(2)算法方面。本书的各种模型求解中,限于书稿篇幅和笔者个人能力,只强调了算法设计的多样性,努力做到每一种模型应用一种不同算法,没有对同一模型综合运用多种算法,没有对算法计算的结果优劣进行比较。因此,对同一模型综合运用多种算法,并对各算法计算的结果优劣进行比较应是本书的一个拓展研究方向。另外,本书主要在设施选址基本算法基础上,作了进一步的综合应用(设计了混合式的启发式算法),因此,可以考虑基本算法的进一步综合运用,设计出效率更高、效果更好的混合式启发式算法。

(3)城市应急公共服务设施选址与信息技术的有机结合方面。据笔者阅览选址研究成果发现,学者多侧重于理论方法上的探讨,模型的验证较少联系国家、地区实际情况。而以 GIS 为代表的信息技术可以有效实现设施选址理论与城市应急管理实际的有机结合。因此,两者的有机结合可以作为进一步研究的方向。

(4)设施选址理论与应急管理实践的进一步结合方面。设施选址理论作为管理科学中的重要理论,对社会实践指导作用巨大。我国越来越重视应急管理工作,新成立了以应急管理部为代表的从中央至地方的行政机构,相关应急管理工作的展开必须以理论和方法作为指导,才会事半功倍。因此,设施选址理论与应急管理实践的进一步结合方面的研究值得期待。

参考文献

蔡临宁:《物流系统规划——建模及实例分析》,机械工业出版社2003年版。

常玉林、王炜:《城市紧急服务系统优化选址模型》,《系统工程理论与实践》2000年第2期。

陈国华、张新梅、金强:《区域应急管理实务——预案、演练及绩效》,化学工业出版社2008年版。

陈雯、王远飞:《城市公园区位分配公平性评价研究——以上海市外环线以内区域为例》,《安徽师范大学学报(自然科学版)》2009年第4期。

陈志宗、尤建新:《城市防灾减灾设施的层级选址问题建模》,《自然灾害学报》2005年第2期。

丁斌、王鹏:《基于聚类分析的应急物资储备分类方法研究》,《北京理工大学学报(社会科学版)》2010年第4期。

方磊、何建敏:《城市应急系统优化选址决策模型和算法》,《管理科学学报》2005年第1期。

方磊、何建敏:《应急系统优化选址的模型及其算法》,《系统工程学报》2003年第1期。

方磊、何建敏:《综合 AHP 和目标规划方法的应急系统选址规划模型》,《系统工程理论与实践》2003 年第 12 期。

冯凯、徐志胜、张福麟:《GIS 小城镇灾害数字仿真与公共安全应急系统》,《哈尔滨工业大学学报》2009 年第 8 期。

郜振华:《配送中心选址模型与算法研究》,东南大学博士学位论文,2006 年。

葛春景、王霞、关贤军:《应对重大灾害的轴辐式应急物资储备网络体系》,《自然灾害学报》2011 年第 2 期。

宫薇薇:《北京市易腐食品配送网络规划研究》,中国农业大学博士学位论文,2009 年。

关志民、周宏波、马钦海:《基于模糊多指标评价方法的配送中心选址优化决策》,《东北大学学报(自然科学版)》2005 年第 8 期。

郭子雪、齐美然、张强:《应急物资储备库最小加权距离选址模型》,《计算机工程与应用》2009 年第 34 期。

何建敏、刘春林、曹杰、方磊:《应急管理与应急系统——选址、调度与算法》,科学出版社 2005 年版。

黑川纪章:《共生城市》,《建筑学报》2001 年第 4 期。

黄玲、柳宗伟:《基于神经网络的选址区位评价模型分析应用》,《地球信息科学》2004 年第 2 期。

黄亚东:《给水管网水质传感器优化选址研究》,浙江大学博士学位论文,2007 年。

金磊:《城市灾害学原理》,气象出版社 1997 年版。

冷志明、易夫:《基于共生理论的城市圈经济一体化机理》,《经济地理》2008 年第 3 期。

李栋学、刘茂:《NSGA Ⅱ在应急物资储备库选址中的应用》,《工业安全与环保》2009年第3期。

李小建:《经济地理学》,高等教育出版社1999年版。

李延晖:《基于供应链多阶响应周期的配送中心选址模型研究》,华中科技大学博士学位论文,2004年。

刘继生、张文奎、张文忠:《区位论》,江苏教育出版社1994年版。

刘剑君:《卫生应急物资保障》,人民卫生出版社2013年版。

陆华、杨家其:《模糊排序及启发式算法在物流中心选址中的应用》,《武汉理工大学学报(交通科学与工程版)》2002年第3期。

陆相林、侯云先、林文等:《基于设施选址理论的小城镇应急医疗服务中心功能优化》,《经济地理》2011年第7期。

陆相林、侯云先:《基于设施选址理论的中国国家级应急物资储备库优化配置》,《经济地理》2010年第7期。

陆相林、侯云先:《基于选址理论的小城镇应急物资储备库优化配置——以北京房山区为例》,《地理研究》2011年第6期。

陆相林、刘春玲、赵宁等:《考虑拥挤情景的小城镇已有应急公共服务设施功能优化问题——以山东省滕州市为例》,《计算机应用研究》2013年第3期。

马云峰、杨超、张敏等:《基于时间满意的最大覆盖选址问题》,《中国管理科学》2006年第2期。

马云峰:《网络选址中基于时间满意的覆盖问题研究》,华中科技大学博士学位论文,2005年。

潘锐:《设施选址与K-中间点问题的复杂性与近似算法》,山东大学博士学位论文,2007年。

裴小兵、齐二石、李钢：《工业设施选址的景观生态研究》，《中国地质大学学报（社会科学版）》2003 年第 6 期。

冉岚：《从汶川地震看国家物资储备建设》，《宏观经济管理》2008年第 9 期。

唐波、刘希林：《国外城市灾害易损性研究进展》，《世界地理研究》2016 年第 1 期。

唐承沛：《中小城市突发公共事件应急管理体系与方法》，同济大学出版社 2007 年版。

唐凯：《分销网络设计中的库存——选址研究》，华中科技大学博士学位论文，2008 年。

涂文学：《对立与共生：中国近代城市文化的二元结构》，《天津社会科学》1998 年第 1 期。

王昂生、梁碧俊、李吉顺：《中国减灾与可持续发展》，科学出版社2007 年版。

王非、徐渝、李毅学：《离散设施选址问题研究综述》，《运筹与管理》2006 年第 5 期。

王琳：《应急物资保障问题研究》，《产业创新研究》2020 年第22 期。

王绍玉、冯百侠：《城市灾害应急与管理》，重庆出版社 2005 年版。

王文峰、郭波、刘新亮：《多级覆盖设施选址问题建模及求解方法研究》，《中国管理科学》2007 年第 15 期。

王铮、邓悦、葛昭攀等：《理论经济地理学》，科学出版社 2002年版。

韦琦、金鸿章、郭健：《基于脆性联系熵的复杂系统崩溃致因研究》,《自动化技术与应用》2003 年第 2 期。

韦琦、金鸿章、姚绪梁等:《基于脆性的复杂系统崩溃的初探》,《哈尔滨工程大学学报》2003 年第 2 期。

韦琦:《复杂系统脆性理论及其在危机分析中的应用》,哈尔滨工程大学博士学位论文,2003 年。

翁东风、费奇、刘晓静等:《基于图层叠加的多目标选址模型》,《系统工程理论与实践》2004 年第 10 期。

翁克瑞:《轴辐式物流网络设计的选址与路线优化研究》,华中科技大学博士学位论文,2007 年。

吴宗之、刘茂:《重大事故应急救援系统及预案导论》,冶金工业出版社 2003 年版。

肖文涛、王鹭:《韧性视角下现代城市整体性风险防控问题研究》,《中国行政管理》2020 年第 2 期。

胁田武光:《立地论读本》,大明堂 1983 年版。

邢文训、谢金星:《现代优化计算方法》,清华大学出版社 1999 年版。

徐隽:《城市应急"短板"怎么补》,《人民日报》2016 年 1 月 20 日。

徐志胜、冯凯、冯春莹:《基于 GIS 的城市公共安全应急决策支持系统》,《安全与环境学报》2004 年第 6 期。

闫莉、张立新:《设施选址评价方法研究》,《西安建筑科技大学学报(自然科学版)》2004 年第 3 期。

严冬梅:《城市物流中心选址问题研究》,天津大学博士学位论文,2004 年。

杨珺:《网络服务设施的截流——选址问题研究》,华中科技大学博士学位论文,2005 年。

杨吾扬、梁进社:《高等经济地理学》,北京大学出版社 2000 年版。

杨吾扬:《区位论原理》,甘肃人民出版社 1989 年版。

姚国章:《典型国家突发公共事件应急管理体系及其借鉴》,《南京审计学院学报》2006 年第 2 期。

姚洪权:《多模式下水泥流通加工中心选址研究》,吉林大学博士学位论文,2009 年。

于海生、赵林度:《物流网络中多设施选址模型》,《物流技术》2004 年第 1 期。

张国方、包凡彪:《熵权值模糊综合评判法在物流选址中的应用》,《武汉理工大学学报》2005 年第 7 期。

张建中、华晨、钱伟:《公共设施分布公平性问题初探》,《规划师》2003 年第 9 期。

张敏、杨超、杨珺:《基于 AHP/DEA 的物流中心选址问题研究》,《管理学报》2005 年第 6 期。

张敏:《易腐物品物流网络服务设施选址问题研究》,华中科技大学博士学位论文,2006 年。

张文忠:《经济区位论》,科学出版社 2000 年版。

张旭凤:《应急物资分类体系及采购战略分析》,《中国市场》2007 年第 32 期。

张永领:《我国应急物资储备体系完善研究》,《管理学刊》2010 年第 6 期。

章海峰:《进口物资中转运输选址——分配问题》,华中科技大学博士学位论文,2006。

赵安顺:《城市概念的界定与城市化度量方式》,《城市问题》2005年第5期。

赵瑞东、方创琳、刘海猛:《城市韧性研究进展与展望》,《地理科学进展》2020年第10期。

赵巍博:《浅议城市突发事件的应急管理——以11·22青岛输油管道爆炸事件为例》,《时代金融》2015年第2期。

周爱莲:企业物流系统网络节点选址方法及应用研究,东南大学博士学位论文,2007年。

周利敏:《韧性城市:风险治理及指标建构——兼论国际案例》,《北京行政学院学报》2016年第2期。

周一星:《城市地理学》,商务印书馆1995年版。

周云、李伍平、浣石等:《防灾、减灾工程学》,中国建筑工业出版社2007年版。

朱晓峰、盛天祺、张卫:《重大突发公共事件冲击下政府数据开放的共生运行机制研究:构建与演进》,《情报理论与实践》2020年第12期。

朱长虹:《具有稳健可靠性的供应链选址模型与算法研究》,南京理工大学博士学位论文,2007年。

邹乐乐:《SEN系统的易损性:理论与实践》,中国环境科学出版社2010年版。

邹逸江:《国外应急管理体系的发展现状及经验启示》,《灾害学》2008年第1期。

Alp O., Drezner Z., Erkut E., "An Efficient Genetic Algorithm for the P-median Problem", *Annals of Operations Research*, Vol.122, No.3, 2003.

Antenucci J.C., Brown K., Croswell P.L., Kevany M.J., *Geographic Information Systems: A Guide to the Technology*, New York: Van Nostrand Reinhold, 1991.

Arabani A. B., Farahani R. Z., Facility Location Dynamics, "An Overview of Classifications and Applications", *Computers & Industrial Engineering*, Vol.62, No.1, 2012.

Armstrong M.P., Deusham P.J., Lolouls P., Rushton G., "Cartographic Displays to Support Locational Decision Making", *Cartography and Geographic Information Systems*, Vol.19, No.3, 1992.

Aronoff S., *Geographic Information Systems: A Management Perspective*, Ottawa: WDL, 1989.

Baron O., Berman O., Krass D., Wang Q., "The Equitable Location Problem on the Plane", *European Journal of Operational Research*, Vol.183, No.2, 2007.

Batty M., "Urban Modelling in Computer-graphic and Geographic Information System Environments", *Environment and Planning*, Vol.19, No.6, 1992.

Berlin G., *Facility Location and Vehicle Allocation for Provision of An Emergency Service*, *Ph.D. Thesis*, The Johns Hopkins University, 1972.

Berman O., Drezner Z., "Location of Congested Capacitated Facilities with Distance-sensitive Demand", *IIE Transactions*, Vol.38, No.3, 2006.

Berman O., Kaplan E. H., "Equity Maximizing Facility Location Schemes", *Transportation Science*, Vol.24, No.2, 1990.

Bo Huang, Nan Liu, Chandramouli M., " A GIS Supported Ant Algorithm for the Linear Feature Covering Problem with Distance Constraints", *Decision Support Systems*, Vol.42, No.1, 2006.

Boffey B., Mesa J.A., "A Review of Extensive Facility Location in Networks", *European Journal of Operational Research*, Vol.95, No.3, 1996.

Brandeau C., "A Unified Family of Single-server Queuing Location Models", *Operations Research*, Vol.38, No.6, 1990.

Brandeau M.L., "An Overview of Representative Problems in Location Research", *Management Science*, No.6, 1989.

Bullnheimer B., *Ant Colony Optimization in Vehicle Routing*, University of Vienna, 1999.

Church R.L., Revelle C., "The Maximal Covering Location Problem", Papers in Regional Science, Vol.31, No.1, 1974.

Church R. L., "Geographical Information Systems and Location Science", *Computers and Operations Research*, Vol.29, No.6, 2002.

Church R., Eaton D. J., "Hierarchical Location Analysis Using Covering Objectives", in Gosh A., Rushton G., *Spatial Analysis and Location-allocation Models*, NewYork: Van Nostrand Reinhold, 1987.

Cooper L., "Heuristic Methods for Location-allocation Problems", *SIAM Review*, Vol.6, No.1, 1964.

Cooper L., "Location-allocation Problems", *Operation Research*, Vol.11, No.3, 1963.

Cooper L., "Solutions of Generalized Locational Equilibrium Problems", *Journal of Regional Science*, Vol.7, No.1, 1967.

Dalal J., Mohapatra P.K.J., Mitra G.C., "Locating Cyclone Shelters: A

Case", *Disaster Prevention and Management*, Vol.16, No.23, 2007.

Daskin M. S., *Network and Discrete Location: Models, Algorithms, and Applications*, Wiley, New York, 1995.

Densham P. J., "Integrating GIS and Spatial Modelling: Visual Interactive Modelling and Location Selection", *Geographical Systems*, Vol.1, No.3, 1994.

Dorigo M., Gambardella L. M., "Ant Colony System: A Cooperating Learning Approach to the Traveling Salesman Problem", *IEEE Transactions on Evolutionary Computation*, Vol.1, No.1, 1997.

Dorigo M., Maniezzo V., Colorni A., "The Ant System: Optimization by A Colony of Cooperating Agents", *IEEE Transactions on Systems: Man and Cybernetics*, Vol.26, No.1, 1996.

Drezner T., Drezner Z., Guyse J., "Equitable Service by A Facility: Minimizing the Gini Coefficient", *Computers and Operations Research*, Vol.36, No.12, 2009.

Drezner T., Drezner Z., Salhi S., "A Multi-objective Heuristic Approach for the Casualty Collection Points Location", *Journal of the Operational Research Society*, Vol.57, No.6, 2006.

Drezner T., Drezner Z., "Equity Models in Planar Location", *Computational Management Science*, Vol.4, No.1, 2007.

Drezner T., "Location of Casualty Collection Points", *Environment and Planning C: Government and Policy*, Vol.22, No.6, 2004.

Drezner Z., Hamacher H. W., *Facility Location: Applications and Theory*, Berlin: Springer, 2002.

Eiselt H. A., Sandblom C. L., *Decision Analysis*, *Location Models*, *and Scheduling Problems*, Springer-Verlag, Berlin-Heidelberg-New York, 2004.

Erkut E., "Inequality Measures for Location Problems", *Location Science*, Vol.1, No.3, 1993.

Farahani R. Z., Hekmatfar M., *Facility Location*: *Concepts*, *Models*, *Algorithms and Case Studies*, Physica-Verlag, Heidelberg, Germany: Springer, 2009.

Fiorucci P., Gaetani F., Minciardi R., Trasforini E, "Natural Risk Assessment and Decision Planning for Disaster Mitigation", *Advances in Geosciences*, Vol.2, No.2, 2005.

Fisher M.L., "The Lagrangean Relaxation Method for Solving Integer Programming Problems", *Management Science*, Vol.27, No.1, 1981.

Francis R. L., McGinnis L. F., White A., "Location Analysis", *European Journal of Operational Research*, No.12, 1983.

Ghosh A., Harche F., "Location-allocation Models in the Private Sector: Process, Problems and Prospects", *Location Science*, Vol. 1, No. 1, 1993.

Goldberg J., "Operation Research Models for the Deployment of Emergency Services Vehicles", *EMS Management Journal*, Vol.1, No.1, 2004.

Goldman A.J., "Optimal Center Location in Simple Networks", *Transportation Science*, No.5, 1971.

Grossman T., Wool A., "Computational Experience with Approximation Algorithms for the Set Covering Problem", *European Journal of Operational Research*, Vol.101, No.1, 1997.

Hakimi S.L.,"Optimum Distribution of Switching Centers on A Communications Network and Some Related Graph Theoretic Problems",*Operations Research*,Vol.13,No.3,1965.

Hakimi S.L.,"Optimum Locations of Switching Centers and the Absolute Centers and Medians of A Graph",*Operations Research*,Vol.12,No.3,1964.

Hale T.S.,Moberg C.R.,"Location Science Review",*Annals of Operations Research*, Vol.123,No.1−4,2003.

Handler G.Y.,Mirchandani P.B.,*Location on Networks:Theory and Algorithms*,The MIT Press,Cambridge,Mass,1979.

Hodgart R.L., "Optimizing Access to Public Services: A Review of Problems,Models and Methods of Locating Central Facilities",*Progress in Human Geography*,Vol.2,No.1,1978.

Hotelling Harold,"Stability in Competition",*The Economic Journal*,Vol.39,No.3,1929.

Kariv O.,Hakimi S.,"An Algorithm Approach to Network Location Problem",*SIAM Journal of Applied Mathematics*,Vol.37,No.4,1979.

Kirkpatrick S.,Gelatt C.D.,Vecchi M.P.,"Optimization by Simulated Annealing",*Science*,Vol.220,No.4598,1983.

Klose A.,Drexl A.,"Facility Location Models for Distribution System Design",*European Journal of Operational Research*,Vol.162,No.1,2005.

Kongsomsaksakul S.,Yang C.,Chen A.,"Shelter Location-allocation Model for Flood Evacuation Planning",*Journal of the Eastern Asia Society for Transportation Studies*,No.6,2005.

Kouvelis P., Su P., "The Structure of Global Supply Chains: The Design and Location of Sourcing, Production, and Distribution Facility Networks for Global Markets", *Foundations and Trends, Technology, Information and Operations Management*, Vol.1, No.4, 2005.

Larson R.C., Franck E.A., "Dispatching the Units of Emergency Service Systems Using Automatic Vehicle Location: A Computer Based Markov Hypercube Model", *Abstracts of Hospital Management Studies*, Vol.13, No.3, 1977.

Larson R., "A hypercube Queuing Model for Facility Location and Redistricting in Urban Emergency Services", *Computers and Operations Research*, Vol.1, No.1, 1974.

Launhardt W., "Die Bestimmung des Zwekmassigsten Standortes Einer Gewerblichen Anlage", *Zeitscluift des Vereins Deutscher Ingenieure*, No.26, 1882.

Linda F.Y.Ng, Chyau T., "Location Decisions of Manufacturing FDI in China: Implications of China's WTO Accession", *Journal of Asian Economics*, Vol.14, No.1, 2003.

Maimon O., "The Variance Equity Measure in Locational Decision Theory", Annals of Operations Research, Vol.6, No.5, 1986.

Mandell M.B., "Modelling Effectiveness-Equity Trade-offs in Public Service Delivery Systems", *Management Science*, Vol.37, No.4, 1991.

Marianov V., Boffey T.B., Galvo R.D., "Optimal Location of Multiserver Congestible Facilities Operating as M/Er/m/N Queues", *Journal of the Operational Research Society*, Vol.60, No.5, 2009.

Marianov V., ReVelle C., "Siting Emergency Services", in Drezner Z., *Facility Location:A Survey of Applications and Methods*, 1995.

Marianov V., Serra D., "Hierarchical Location-allocation Models for Congested Systems", *European Journal of Operational Research*, Vol.135, No.1, 2001.

Marianov V., Serra D., "Probabilistic Maximal Covering Location-allocation Models for Congested Systems", *Journal of Regional Science*, Vol.38, No.3, 1998.

Marsh M.T., Schilling D., "Equity Measurement in Facility Location Analysis:A Review and Framework", *European Journal of Operational Research*, Vol.74, No.1, 1994.

Marsh M., Schilling D., "A Comparison of Equity Measures in Facility Sitting Decisions", in Proceedings of the First International Decision Sciences Institute Conference, 1991.

Marsh M., Schilling D., *Foundations of Equity Measurement in Facility Location Analysis*, Presented at ORSA/TIMS National Conference, Fall 1992.

Massam B.H., *The Right Place:Shared Responsibility and the Location of Public Facilities*, Longman Scientific and Technical, 1993.

McAllister D.M., "Equity and Efficiency in Public Facility Location", *Geographical Analysis*, Vol.8, No.1, 1976.

Megiddo N., Zemel E., Hakimi S.L., "The Maximum Coverage Location Problem", *SIAM Journal of Algebraic and Discrete Methods*, Vol.4, No.6, 1983.

Melo M. T. , Nickel S. , "Saldanha-da-Gama F. Facility Location and Supply Chain Management：A Review", *European Journal of Operational Research*, Vol.196, No.2, 2009.

Mesa J.A. , Puerto J. , Tamir A. , "Improved Algorithms for Several Network Location Problems with Equality Measures", *Discrete Applied Mathematics*, Vol.130, No.3, 2003.

Miller H. J. , "GIS and Geometric Representation in Facility Location Problems International", *Journal of Geographical Information Systems*, Vol.10, No.7, 1996.

Mladenovic N. , Labbé M. , Hansen P. , "Solving the P-center Problem with Tabu Search and Variable Neighborhood Search", *Networks*, Vol.42, No.1, 2003.

Mulligan G. F. , "Equality Measures and Facility Location", *Regional Science*, Vol.70, No.4, 1991.

Mumphreys A. J. , Seley J. E. , Wolpert J. , "A Decision Model for Locating Controversial Facilities", *Journal of the American Institute of Planners*, Vol.37, No.6, 1971.

Narula S.C. , "Hierarchical Location-allocation Problems：A Classification Scheme", *European Journal of Operational Research*, Vol. 15, No. 1, 1984.

Narula S.C. , " Minisum Hierarchical Location-Allocation Problem on A Network：A Survey", *Annals of Operations Research*, Vol.6, No.8, 1986.

Osman H.L. , "Metaheuristics：A Bibliography", Annals of Operations Research, Vol.63, 1996.

Owen S.H.,Daskin M.S.,"Strategic Facility Location:A Review",*European Journal of Operational Research*,Vol.111,No.3,1998.

Puerto J.,Ricca F.,Scozzari A.,"Extensive Facility Location Problems on Networks with Equity Measures",*Discrete Applied Mathematics*,Vol.157,No.5,2009.

Rahman S.U.,Smith D.K.," Use of Location-allocation Models in Health Service Development Planning in Developing Nations",*European Journal of Operational Research* ,Vol.123,No.3,2000.

ReVelle C.S.,Eiselt H.A.,Daskin M.S.,"A Bibliography for Some Fundamental Problem Categories in Discrete Location Science",*European Journal of Operational Research*,Vol.183,No.3,2008.

ReVelle C.S.,Eiselt H.A.,"Location Analysis:A Synthesis and Survey",*European Journal of Operational Research*,Vol.165,No.1,2005.

ReVelle C.S.,"A Bibliography for Some Fundamental Problem Categories in Discrete Location Science",*European Journal of Operational Research*,Vol.184,No.3,2008.

Roth R.," Computer Solutions to Minimum-cover Problems ",*Operations Research*,Vol.17,No.3,1969.

Sahin G.,Süral H.,"A Review of Hierarchical Facility Location Models",*Computers & Operations Research*,Vol.34,No.8,2007.

Savas E.S.,"On Equity in Providing Public Services",*Management Science*,Vol.24,No.8,1978.

Serra D.,ReVelle C.,"Competitive Location in Discrete Space",in Drezner Z.,*Facility Location:A Survey of Applications and Methods*,USA:

Springer, 1995.

Serra D., Revelle C., "The P-median Problem: Location and Districting of Hierarchical Facilities", *Location Science*, Vol.1, No.4, 1993.

Shavandi H., Mahlooji H., "A Fuzzy Queuing Location Model with A Genetic Clgorithm for Congested Systems", *Applied Mathematics and Computation*, Vol.181, No.1, 2006.

Tansel B. C., Francis R. L., Lowe T. J., "Location on Networks: A Survey. Part I: The P-Center and P-Median Problems; Part II: Exploiting Tree Network Structure", *Management Science*, Vol.29, No.4, 1983.

Teitz M.B., Bart P., "Heuristic Methods for Estimating the Generalized Vertex Median on A Weighted Graph", *Operations Research*, Vol.16, No.5, 1968.

Thanh P.N., Bostel N., Péton O, "A Dynamic Model for Facility Location in the Design of Complex Supply Chains", *International Journal of Production Economics*, Vol.113, No.2, 2008.

Toregas C., Swain R., Revelle C., Bergman L., "The Location of Emergency Service Facilities", *Operations Research*, Vol.19, No.6, 1971.

Verter V., Dincer M.C., "Global Manufacturing Strategy", in Drezner Z., *Facility Location: A Survey of Applications and Methods*, USA: Springer, 1995.

Walkowiak K., "Ant Algorithm for Flow Assignment in Connection-oriented Networks", *Journal of Applied Mathematics and Computer*, Vol.15, No.2, 2005.

Wong B., Beasley J.E., "Restricting Weight Flexibility in Data Envelopment Analysis", *Journal of the Operational Research Society*, Vol.41, No.9, 1990.

Xuemei Bai, Peijun Shi, Yansui Liu, "Realizing China's Urban Dream", *Natural*, No.509, 2014.

Yeh A.G.O., Chow M.H., "An Integrated GIS and Location-allocation Approach to Public Facilities Planning, An Example of Open Space Planning", *Computers, Environment and Urban Systems*, Vol.20, No.4-5, 1996.

Yeh A.G.O., "Geographic Information System for Urban Planning in Hong Kong", *Regional Development Dialogue*, Vol.11, No.3, 1990.

Yi W., Zdamar L., "A Dynamic Logistics Coordination Model for Evacuation and Support in Disaster Response Activities", *European Journal of Operational Research*, Vol.16, No.3, 2007.

Zecchin Nixon A.C., "Parametric Study for An Ant Algorithm Applied to Water Distribution System Optimization", *IEEE Transactions*, Vol.9, No.2, 2005.

后　记

　　此专著是我博士、博士后和工作期间，并在河北省自然科学基金"京津冀城市群应急物资储备库网络协同发展研究"（编号：D2019106020）资助下，探索设施选址理论与应急管理结合的产物，值此完成之际，心情久久不能平静。

　　首先，要感谢我的博士生导师侯云先教授。博士生涯三年，侯老师的言传身教深深地感染着我。侯老师诲人不倦、学术一丝不苟、生活乐观上进的态度时刻鞭策着我。其次，要感谢我的博士后合作导师苗长虹教授。作为苗老师的弟子，非常荣幸之余又多有惭愧。由于博士后期间，家中突有诸多不顺之事，致使科研进程，以及与苗老师的合作交流时断时续。尽管如此，苗老师的言传身教仍深深地感染着我，每一次与苗老师的交流，都能深深感受到他对学生学术研究的宽容耐心，对学生未来发展的殷切期望。同时，感谢博士后期间的李亚婷老师、可新芝老师、尹猛老师、胡斌老师、焦晃老师等，为我博士后三年生涯提供了优质服务，他们工作的认真负责和高效率令人敬佩。感谢博士后期间学弟潘少奇博士对我的帮助，他和善的笑容、乐于助人的品德使我无限敬佩与难忘。

　　博士后出站后，作为石家庄学院教师努力践行教书育人之职责，工

195

作之余能够进一步开展设施选址理论与应急管理的结合研究,还要感谢石家庄学院经济管理学院各位领导和老师的大力支持,特别是石永贵院长像大哥一样,从教学、科研、工作、生活等多个方面给予鼓励与支持,使我对科研重拾信心,也感谢河北大学经济学院王智新博士、石家庄学院经济管理学院的马飒老师,他们对此书的尽快完成做了大量的幕后工作,在此深表感谢。

感谢我的父母,他们的言传身教为我的顽强成长打下了坚实的基础,他们的养育之恩是我奋斗的无限动力。感谢我的爱人赵宁,研究成果的顺利完成,离不开她对家庭的无私奉献。感谢我的岳父,经常帮忙照顾孩子。感谢我可爱的儿子陆继贤,是他让我时刻感到明天会更美好。

本书还引用了大量的珍贵文献或学术观点,在此向各位作者一并表示感谢。

陆相林

2021 年 2 月

责任编辑:李甜甜
封面设计:胡欣欣
责任校对:周晓东

图书在版编目(CIP)数据

城市应急物资储备库网络优化模型构建与实证研究/陆相林,王智新,
　马飒 著. —北京:人民出版社,2021.5
ISBN 978－7－01－023384－0

Ⅰ.①城…　Ⅱ.①陆…②王…③马…　Ⅲ.①城市-突发事件-物资储备-
　优化模型-研究　Ⅳ.①F253

中国版本图书馆 CIP 数据核字(2021)第 078575 号

城市应急物资储备库网络优化模型构建与实证研究
CHENGSHI YINGJI WUZI CHUBEIKU WANGLUO YOUHUA
MOXING GOUJIAN YU SHIZHENG YANJIU

陆相林　王智新　马　飒　著

人民出版社 出版发行
(100706　北京市东城区隆福寺街 99 号)

北京建宏印刷有限公司印刷　新华书店经销

2021 年 5 月第 1 版　2021 年 5 月北京第 1 次印刷
开本:710 毫米×1000 毫米 1/16　印张:13
字数:150 千字

ISBN 978－7－01－023384－0　定价:42.00 元

邮购地址 100706　北京市东城区隆福寺街 99 号
人民东方图书销售中心　电话 (010)65250042　65289539